AF250082

1.

Le Barreau de Paris. — Sa susceptibilité. — Les quatre
Évangélistes. — Les avocats ennemis des honneurs
en 1778.

Les grands corps ne subsistent que par
la considération publique. L'Ordre des
avocats et le Barreau de Paris étaient pé-
nétrés de cette vérité, et ils en donnèrent
un double et éclatant témoignage dans
les années 1777 et 1778.

MÉM. II.   2

Un sieur Nicolas Fourson , tailleur d'habits , profita du procès du maréchal duc de Richelieu contre Mme de Saint-Vincent (procès trop connu par ses incidents singuliers pour que j'en donne ici l'analyse), pour lancer contre cette dame un mémoire, suivi d'une consultation signée : Mallet, avocat.

Ce prétendu mémoire n'était qu'un pamphlet abominable , qu'une diatribe indécente contre Mme de Saint-Vincent. Les rédacteurs de ce libelle infâme avaient épuisé tout ce que la haine a de plus acéré , tout ce que la calomnie a de plus atroce pour obtenir un succès scandaleux. Ils n'y réussirent que trop bien. Le mémoire et la consultation qui lui servait de passeport furent lus avec avidité dans tous les salons de Paris.

Mme de Saint-Vincent porta plainte, et le Châtelet fut saisi de l'affaire. Par une sentence fortement motivée, les juges ordonnèrent la suppression du mémoire et n'épargnèrent pas les qualifications humiliantes à ceux qui s'en étaient constitués les auteurs et les propagateurs.

L'Ordre des avocats partagea l'indignation des magistrats ; le bâtonnier convoqua l'assemblée générale, et il fit comparaître devant elle l'avocat assez peu soucieux de sa gloire et de la dignité de sa profession pour avoir apposé sa signature au bas d'une œuvre si honteuse.

Etienne Mallet , le coupable , était un pauvre vieillard de soixante-seize ans, infirme, dans un état voisin de l'imbécilité, et presque dénué de moyens d'existence. Depuis quarante-quatre ans (il avait été reçu en 1733) , il était caché dans le tableau où , pour me servir de la piquante expression d'un de nos confrères , il se maintenait incognito.

L'infortuné s'avança lentement au milieu de la salle, appuyé sur le bras d'une
vieille gouvernante presque aussi infirme
que lui.

— M⁰ Etienne Mallet, dit le bâtonnier,
vous avez prêté l'appui de votre nom à la
publication d'un mémoire scandaleux.
Ce mémoire a été flétri comme il devait
l'être par le tribunal du Châtelet. Vous
saviez sans doute à quoi vous vous expo-
siez en agissant de la sorte?

— Hélas ! monsieur le bâtonnier, répartit le vieillard, j'ai signé sans lire, et je
vous promets bien que si j'avais pris connaissance de ce mémoire , les choses ne
se seraient point passées ainsi. Mais je
suis en proie depuis bien des années à des
infirmités sans nombre , je suis pauvre,
je suis vieux : on est venu m'offrir trois
cents francs pour signer la consultation,
trois cents francs ! depuis trente ans, pa-

reille somme ne s'était trouvée chez moi !
j'ai signé aveuglément, croyant dans mon
âme et conscience que je ne faisais pas
mal.

— Une signature n'est pas chose légère,
reprit le bâtonnier, et un avocat moins
que tout autre ne doit la donner sans
examen sérieux. Votre fâcheuse position
ne peut pas justifier ce manquement aux
suprêmes exigences de notre profession.
Le conseil de l'Ordre se trouve dans la
dure nécessité de vous rayer du tableau :
nos statuts sont formels à cet égard.

— Mais il y a près de cinquante ans
que je suis inscrit au tableau, répliqua le
vieillard, vous n'aurez pas le courage ,
messieurs, d'imprimer cette tache sur
mon front. Depuis quarante ans, je lutte
avec l'adversité, je n'ai jamais déshonoré
ma robe ; cette malheureuse signature
m'a été arrachée par surprise : les mé-

chants qui me l'ont volée ont spéculé sur ma détresse, sur mon âge , peut-être aussi sur ma pauvre cervelle qui me fausse souvent compagnie. Messieurs , je vous en conjure, un peu de pitié pour un confrère qui peut bien encourir quelque blâme , mais qui ne mérite pas une si grande flétrissure.

Les supplications du vieil avocat émurent le conseil de l'Ordre, mais ne l'arrêtèrent pas dans l'application d'un châtiment rigoureux , même nécessaire au maintien de sa dignité. Le nom d'Etienne Mallet fut rayé sans miséricorde du tableau, et injonction lui fut donnée de ne plus prendre désormais le titre d'avocat.

La justice satisfaite, l'humanité eut son tour. Le Conseil ordonna une enquête sur la vie judiciaire d'Etienne Mallet. On acquit la certitude que cet homme s'était toujours conduit avec honneur et probité;

que le peu d'affaires dont il avait été chargé, pendant sa longue carrière de Palais,
ne devait être attribué qu'au peu de développement de ses relations sociales. Il fut
prouvé, enfin, que l'excessif désintéressement d'Etienne Mallet, dans des causes
qu'il avait gagnées, au temps de sa jeunesse, avait porté à son bien-être un
coup préjudiciable dont il ne s'était jamais relevé.

Le Conseil, éclairé par ces pieuses in-
vestigations, décida à l'unanimité qu'une
pension annuelle de quinze cents francs
serait payée sur la caisse générale de
l'Ordre à Etienne Mallet, qui n'était plus
avocat, mais qui conservait aux yeux de
ses anciens confrères les droits sacrés du
malheur et de la vieillesse abandonnée.

En 1778 le baron et la baronne de
Bagge perdirent au Parlement un procès
considérable. L'arrêt qui les condamnait

avait été rendu sur le rapport de M. Titon de Villautraud, conseiller de Grand'Chambre. Ce rapport, on peut le dire aujourd'hui, offrait une large prise à la critique. L'arrêt fut frappé de recours au Conseil, et M. le baron de Bagge publia en même temps une consultation signée par Mᵉ Dassy, avocat.

M. Dassy était un homme d'un caractère honorable, d'une probité à toute épreuve, et d'un esprit profond et méthodique. Mais, à des qualités si précieuses, il joignait une franchise qui allait jusqu'à la rudesse, et une austérité de mœurs qui dégénérait souvent en licence lacédémonienne. Il attaqua dans son mémoire les irrégularités de l'arrêt avec une amertume, avec une âcreté qui blessaient toutes les convenances. Sa consultation produisit une sensation prodigieuse, et on ne parla à la cour et à la ville que du *factum* de M. Bagge et de la savante consultation de M. Dassy.

Le Parlement, qui était alors dans toute sa splendeur et qui voulait à tout prix la conserver, reçut la plainte de M. le procureur-général contre l'auteur de la consultation, et fit prévenir l'Ordre que d'un moment à l'autre il y aurait un décret de prise de corps.

L'Ordre, selon la remarque judicieuse d'un de nos éloquents confrères, n'avait pas de compétence pour examiner le fond de l'accusation contre l'avocat; il lui suffisait d'être averti du décret de prise de corps pour se hâter de faire disparaître du tableau le respectable M. Dassy, car c'était une mesure de discipline adoptée depuis longtemps de ne point souffrir qu'une procédure humiliante vînt frapper un avocat sur le tableau; c'est pourquoi l'avocat était exautoré par sa radiation, sauf à le rétablir après son absolution.

Sur l'avis du Parlement de la plainte portée contre M. Dassy, l'Ordre s'assembla immédiatement, et par un arrêté du 3 janvier 1778, Dassy fut rayé du tableau, au grand regret de ses confrères, dit un contemporain, qui déploraient la triste extrémité où son imprudence le réduisit.

M. Duvert de Manneville, bâtonnier, se présenta au Parlement le 7 janvier suivant, et devant la Grand'Chambre et la Tournelle assemblées, il déposa sur le bureau du premier président l'arrêté du 3 janvier, comme un monument public de l'exactitude, de la police et de la pureté des principes de l'Ordre.

« Oui, messieurs, dit le bâtonnier, en terminant un discours rempli de nobles pensées et de généreuses doctrines, l'Ordre des avocats n'a point balancé un instant à sacrifier à votre légitime indignation l'un de ses membres les plus honorables et les plus justement honorés. Il n'a point cherché à excuser un homme dont il s'est fait gloire et qui occupait une place si éminente dans son sein. Cette conduite, messieurs, doit vous prouver, doit prouver au public combien l'Ordre des avocats est jaloux de maintenir sa discipline et ses traditions, combien il est jaloux surtout de marcher avec cette magistrature qu'il n'a cessé depuis cinq siècles de vénérer et de chérir dans les voies de la justice et de la vérité. A la grandeur du sacrifice, messieurs, on reconnaîtra la grandeur de notre affection pour le Parlement, et nos successeurs apprendront, par ce mémorable exemple, que le Barreau de Paris, que l'Ordre tout entier met au premier rang de ses devoirs, au premier rang de ses vertus héréditaires le respect que l'on doit aux magistrats. »

M. l'avocat-général Seguier répliqua au bâtonnier, et donna de grands éloges à la discipline de l'Ordre. Il termina sa harangue par une parole d'un grand sens :

— Respectez, messieurs, dit-il aux avocats, respectez la Magistrature, votre considération, votre honneur, votre gloire même, dépendent de votre soumission filiale pour elle. Du jour où l'Ordre des avocats oublierait ces principes salutaires, il n'y aurait plus de Barreau, il n'y aurait plus d'avocats. Les mépris que ceux-ci déverseraient sur le juge retomberaient sur eux, et de ce déplorable conflit naîtrait une effroyable perturbation dans la société tout entière. »

Après ce discours, M. l'avocat-général

conclut au décret de prise de corps qui fut prononcée.

M. Dassy n'eut pas de peine à se soustraire à la captivité. Il se retira dans le Brabant, et revint quelques années après à Paris, où il fut réintégré, son absolution obtenue, sur le tableau des avocats.

Voilà comme le Conseil de l'Ordre agissait en 1778. L'observance rigoureuse de ses statuts, de ses traditions, faisait sa gloire et sa force. Il condamna avec la même sévérité Mallet et Dassy ; le premier ne désarma pas ses juges par sa pauvreté, par sa vieillesse, par ses cinquante années de probité ; le second ne les toucha pas davantage par ses vertus privées, par l'usage tout charitable qu'il faisait d'une grande et belle fortune indépendante de son cabinet. Tous deux sont rayés du tableau par des motifs différents et rayés à l'unanimité. Le grand Cochin avait-il tort de comparer le tableau des avocats du Barreau de Paris au Livre d'Or de la République de Vénise, où l'on ne pouvait se maintenir qu'à la condition de ne jamais répudier les vertus qui vous y avaient fait admettre.

L'Ordre donna dans le même temps à peu près un exemple bien remarquable de sa susceptibilité. Un avocat, nommé Durit, épousa la fille d'un receveur de rentes et prit la direction du cabinet de son beau-père (1). Le nouveau titulaire fit alors distribuer des imprimés sur lesquels on lisait :

(1) Les receveurs de rentes étaient primitivement de vieux domestiques que leurs maîtres chargeaient de recevoir les rentes qu'ils avaient à Paris sur l'Hôtel-de-Ville et sur les particuliers. Ces domestiques augmentèrent leur clientèle en se chargeant aussi de toucher pour de petits rentiers confinés en province. Insensiblement ces procureurs-fiscaux prirent faveur et devinrent des personnages quasi considérables. Il y en a aujourd'hui qui marchent presque sur la même ligne que les notaires et les agents de change.

« Durit , avocat , receveur des rentes de la ville , etc. »

Le Barreau de Paris se trouva offensé de voir un avocat prostituer ainsi son titre, et plainte en fut portée au Conseil de l'Ordre. Le bâtonnier convoqua une assemblée générale et il fut décidé dans cette réunion où les hommes les plus éloquents et les plus influents du Barreau prirent la parole, où Gerbier, Legouvé, Beaumont, développèrent leurs opinions sur la dignité de l'avocat et sur l'espèce de sacerdoce dont il était revêtu, avec un grand éclat, que nul ne pourrait joindre le titre d'avocat à des professions ou à des emplois incompatibles avec la dignité de la toge. Cette décision fut prise à l'unanimité (1). On fit connaître à l'avocat

(1) L'Ordre a perdu aujourd'hui son antique et précieuse sévérité. On voit des agents d'affaires, des hommes de loi (appellation bâtarde que nous a léguée la

Durit, la résolution du conseil et on lui enjoignit d'opter sur-le-champ. Il resta receveur de rentes, mais il fut obligé de renoncer du moins sur ses imprimés et sur ses quittances au titre d'avocat. On appela dès-lors les légistes qui ne rougis-

révolution), prendre le titre d'avocats. Avec un peu de patience, nous verrons des avocats gardes du commerce. En vérité, cette manie de tout renverser, de tout mêler, de tout confondre, est bien déplorable. Bien que les hommes qui prennent ce titre d'avocat soient, nous n'en doutons pas, des gens fort honorables, il n'en est pas moins vrai que cette mode porte une grave atteinte à la considération et à la dignité de l'Ordre. Que diraient Gerbier, Cochin, Patru, s'ils revenaient au monde, de voir tant d'hommes de professions diverses , étrangères au Barreau , prendre un titre qu'ils se croyaient, eux, si éloquents, si savants, si nobles par l'intelligence et par le cœur, presqu'indignes de porter , tant ils le voyaient grand ! Quels confrères on nous donne là , s'écrieraient-ils ! il n'y a donc plus d'Ordre des avocats en France ! et le Conseil, dépositaire de notre discipline et de notre honneur, a donc cessé d'exister? Mon Dieu si, ombres augustes et vénérées, il y a toujours un Ordre des avocats, un bâtonnier, un Conseil ; mais tout cela dort ! une vague destructive a passé sur le Barreau dans la tourmente révolutionnaire et elle a enlevé une partie de ses souvenirs , de ses traditions et de ses croyances.

saient pas de frotter leurs robes *in telonio*
les avocats *in partibus infidelium.*

L'archevêque de Paris, Christophe de
Beaumont, avait donné à l'Ordre des
avocats une des chapelles latérales de
l'église métropolitaine. Les ornements
de cette chapelle ayant besoin d'être
renouvelés, le Conseil de l'Ordre chargea un peintre distingué, M. Ingouf,
de présider aux réparations nécessaires,
et lui commanda en même temps un
tableau de saint Yves patron des avocats,
qui devait être placé sur l'autel, et quatre pendantifs représentant les quatre
évangélistes, saint Luc, saint Jean, saint
Marc et saint Mathieu. L'artiste s'occupa
avec empressement de ces travaux, et
mit tous ses soins à décorer splendide-
ment cette chapelle. Il peignait saint
Yves d'après un ancien dessin tiré des
cartulaires de la cathédrale d'Angers;

mais quand il arriva à la composition de ses évangélistes, il trouva piquant de prendre pour modèles quatre avocats du Barreau de Paris ; il reproduisit donc les traits de Patru et de Cochin, morts depuis longtemps, et de Mes Gerbier et Clément de Mallerean, qui existaient encore. La surprise de ces deux avocats fut grande quand ils se virent, le jour de l'inauguration de la chapelle, l'un sous la robe de saint Jean, l'autre sous le manteau de saint Marc.

— Ah ! traître que vous êtes, dit M. Gerbier à Ingouf, c'est ainsi que vous volez la physionomie des gens. Mais comment avez-vous fait pour attraper si bien ma ressemblance ?

— Monsieur, répondit spirituellement l'artiste, il ne faut que vous avoir entendu plaider une fois pour retenir vos traits : ils peuvent bien s'effacer des yeux, mais ils restent gravés dans la mémoire et dans le cœur.

Le portrait de M. Mallerean était aussi frappant, et les avocats qui avaient vu Cochin, trouvaient également que le peintre avait saisi avec un admirable bonheur le caractère de tête du grand orateur. Quant à Patru, Ingouf s'était aidé pour le peindre d'un dessin assez incorrect que Boileau avait donné jadis à M. Dongois, son cousin, greffier en chef au Parlement. Ce dessin s'était religieusement conservé dans la famille Dongois et Ingouf s'en était inspiré..

En 1793, la chapelle de saint Yves à Notre-Dame, fut une des premières saccagées et pillées. Ces quatre tableaux qui auraient aujourd'hui tant de prix aux yeux des avocats et des gens de lettres, ont été indignement lacérés et brûlés sur le parvis avec une foule d'objets non moins curieux et non moins dignes de respect (1).

La vie de l'avocat était encore, en 1778, si douce, si calme ; les agitations de la vie publique avaient encore si peu de charmes pour les hommes dont l'existence était vouée depuis longues années à la défense d'intérêts sacrés, que le garde-des-sceaux, M. de Miromesnil, éprouva un refus qui, aujourd'hui, paraîtrait au moins singulier, de la part de trois anciens avocats qu'il voulait élever à la dignité alors fort honorable et fort enviée de conseiller d'État. Ces trois avocats étaient MM. Anselme-Joseph d'Oultremont, Gabriel-Nicolas Maultrot et Pierre-François Daudasne. Voici la lettre de re-

(1) Voilà cinquante ans que la Basilique a été ravagée par les modernes Vandales, et voilà cinquante ans que la plupart des chapelles de Notre-Dame de Paris portent les stygmates du pillage et de la destruction à la honte de la ville de Paris.

fus de ces trois avocats, j'allais dire de ces trois sages ; c'est tout à la fois un monument de la vertu et de la modestie de nos devanciers :

« C'est avec regret, monseignenr, que nous déclinons l'honneur que sa majesté veut bien nous faire par votre organe. Depuis qnarante ans , nous avons consacré notre vie au public, et le plus cher, le plus vif de nos désirs est de continuer à lui être utile selon nos forces et selon nos moyens. La France ne manque pas d'hommes aptes à briller plus que nous dans les conseils de la Couronne ; nous y aurions apporté, à la vérité, des intentions pures, un cœur exempt d'ambition et un sincère amour du bien général ; mais ces qualités sont communes dans notre profession et vous les trouverez dans des hommes qui auront plus que nous des lumières , de la science et surtout de nombreux jours à donner au service du roi et de la nation.

» Agréez donc, monseigneur, nos remercîments, portez l'expression de notre gratitude au pied du trône, et croyez-nous vos très respectueux serviteurs,

F. Daudasne, J. d'Oultremont,

N. Maultrot. »

Pourquoi faut-il que ces saintes et pudiques modesties, que ces naïfs et pieux contentements d'une vie livrée à des études graves et pures soient perdues sans retour aujourd'hui!! Qui aime aujourd'hui le calme et la gravité du Barreau? qui hait le bruit et la fiévreuse turbulence des Cours et des assemblées politiques? Hélas! la place publique est-elle appelée, chez nous comme à Rome, à étouffer les vertus, l'antique honneur, les nobles instincts du Barreau?

Abolition de la confrérie de Notre-Dame dite des gens
du Palais. — L'église de Saint-Yves et le bâton de
l'Ordre. — Un calembourg du marquis de Bièvre.
— Discipline des avocats à la fin du XVIIIe siècle.

Lorsque, grâce aux progrès de la raison
publique (comme on dit aujourd'hui) et
aux écrits des sophistes, les prêtres sa-
liens furent obligés d'interrompre à Rome
leurs processions annuelles ; lorsque le

temple de Janus, dépouillé de son prestige antique, fut livré à la rapacité des publicains et métamorphosé en marché et en Bourse, la république romaine touchait à son déclin : elle était mûre pour la tyrannie et pour l'asservissement, et Marius, Sylla et César, ne tardèrent pas en effet à paraître. Un grand peuple ne fait pas divorce impunément avec ses croyances, ses traditions, ses superstitions mêmes, si l'on veut : là où ne règne plus l'autorité morale vient se dresser la force matérielle. On ne conduit les hommes qu'à l'aide des idées ou du glaive : les idées mortes, l'épée brille ; de sorte qu'on pouvait être libre, on devient esclave, et une nation marche à sa décomposition totale au milieu d'un fatras de lois qu'elle méprise et d'une armée de tyrans qu'elle redoute.

La philosophie, qui battait en brèche

depuis le commencement du siècle les institutions politiques et religieuses de la France, obtint, en 1779, un nouveau triomphe en renversant une association grande, noble et utile, qui, pendant six cents ans, n'avait cessé de porter, dans les classes pauvres du peuple de Paris, des trésors de consolation, d'espérance et de charité.

Cette association, fondée en 1168, sous le titre de Grande Confrérie de Notre-Dame, avait pour but de visiter les malades, soit dans la ville, soit dans les hôpitaux ; de doter les pauvres filles ; d'adopter les orphelins, et de distribuer, chaque semaine, d'abondantes aumônes aux vieillards, aux infirmes et aux blessés. Le nombre des confrères, lors de la première institution, n'excédait pas soixante-douze personnes, moitié prêtres et moitié bourgeois. Mais, en 1224, la reine Blanche , mère de Saint-Louis , ayant manifesté le désir de faire partie de la confrérie , et plusieurs dames de la cour ayant voulu , à son exemple, s'y enrôler , il fut décidé que le nombre des dames admises dans l'association serait égal à celui des laïcs (qui était de cinquante).

Depuis cette époque , la confrérie de Notre-Dame prit une extension considérable. Elle comptait parmi ses membres des princes du sang , des ducs et pairs , des maréchaux de France , des évêques , des chanceliers , des présidents, des conseillers au Parlement, et un grand nombre d'avocats , ce qui la fit nommer par le peuple la Confrérie des gens du Palais. Le roi et la reine étaient confrères nés de l'association.

Cette confrérie tenait ses séances et célébrait sa fête dans la petite église de

Sainte-Madeleine (1). C'était dans ce modeste temple que les personnages les plus qualifiés, revêtus des plus hautes fonctions de la magistrature et de l'armée, des évêques, des prélats, des échevins, des commerçants, les plus riches et les plus honorables de la cité, se rendaient à certains jours du mois, pour veiller au soulagement des pauvres. Les femmes les plus belles et les plus spirituelles de la cour et de la ville se faisaient également remarquer dans cette assemblée, où le niveau du christianisme s'abaissait sur toutes les têtes.

(1) L'église de Sainte-Madeleine, qui n'existe plus aujourd'hui, était située dans la Cité et bâtie sur l'emplacement d'une chapelle dédiée à Saint-Nicolas, et où les poissonniers et les bateliers de Paris avaient une confrérie. C'est en démolissant cette chapelle au XIIIe siècle qu'on trouva une si grande quantité de lingots d'or qu'il fallut trois mulets pour les transporter au logis des Monnaies, situé contre les Halles et qui a donné son nom à la rue qui porte encore aujourd'hui le nom de *Vieille Monnaie*.

— J'ai été témoin , disait le cardinal Bentivoglio, dans une de ses lettres, d'une cérémonie qui m'a touché jusqu'aux larmes. Le jour de l'Assomption de la très sainte Vierge, j'ai assisté, dans une petite église de Paris, à la procession de la confrérie de Notre-Dame. Cette confrérie , composée des plus grands seigneurs et des plus obscurs citadins , des hommes les plus élevés aux honneurs et des femmes les plus éclatantes en vertus , en beautés et en bonnes œuvres , enseignait beaucoup mieux que les fastueuses processions d'Italie la véritable et pure grandeur de notre sainte religion. Les ducs et les princes étaient mêlés avec les bourgeois et les marchands ; de simples avocats marchaient de pair avec des présidents de Parlement et des maréchaux de France. La reine elle-même (Anne d'Autriche) assistait, avec beaucoup de dames de la cour, à cette pieuse promenade, et ne laissait deviner son auguste rang que par la modestie de son maintien et la ferveur de ses prières. Le signe sacré de notre rédemption planait sur toutes ces têtes à couronnes, à mortiers, à casques et à simples chaperons, et semblait répéter ces divines paroles du Sauveur des hommes, ces paroles qui devraient être gravées en lettres de feu dans nos cœurs : « Aimez-vous les uns les autres. »

Hâtons-nous d'ajouter qu'au XVIIe siècle, la confrérie de Notre-Dame compta au nombre de ses membres le maréchal de Turenne, le premier président Achille de Harlay, le prince de Condé, les ducs de Larochefoucault et de Vivonne, et Mmes de Sévigné, de Montespan et de Montbazon.

La Confrérie avait deux principaux officiers. Le premier était appelé abbé, et

le second doyen. Le choix des confrères ,
lorsqu'il y avait élection, tombait presque
toujours sur l'évêque de Paris et sur le
premier président du Parlement, c'est à
dire que l'évêque était appelé à remplir
les fonctions d'abbé, et le premier président celles de doyen (1).

(1) J'ai sous les yeux le procès-verbal manuscrit de
la nomination de M. Potier de Novion , premier président du Parlement, qui fut élu doyen à la mort de M.
Guillaume de Lamoignon. Je vais citer un extrait de ce
procès-verbal : « L'an 1678, le 13e jour d'août, MM. les
confrères de cette grande confrérie se sont trouvés dans
cette église, suivant la convocation qui en avait été
faite, en conséquence de l'arrêté de messieurs du bureau de la même confrérie du 11 du même mois, pour
procéder à l'élection d'un doyen en la place de feu M.
Guillaume de Lamoignon. Les confrères qui s'assem-
blèrent furent (suit la liste très nombreuse des confrères
qui se terminait par) : M. de Novion, M. de Pousse-
molte, de Montbrisaille, président aux requêtes du Palais, Frizon et de Montagne , conseillers en la Cour,
Berrier, secrétaire ordinaire du Conseil d'Etat, Boucaut,
Petitpied, Legrand, Largentier, conseillers, et un grand
nombre d'autres officiers et notables bourgeois assemblés. Après le *veni creator* chanté, et ensuite la messe
solennelle du St-Esprit, célébrée par M. l'abbé Parfait,
petit abbé de la confrérie, M. l'archevêque s'étant re-

Les emplois minimes de la Confrérie, tels que ceux de trésorier, de questeur, etc., étaient remplis par des échevins, des conseillers au Parlement et surtout par des avocats.

La sollicitude de ces derniers pour les classes pauvres de Paris était si vive et si

tiré dans la clôture du maître-autel, ayant représenté que l'assemblée était convoquée pour faire élection d'un doyen, suivant l'usage, MM. les ecclésiastiques devaient se retirer dans la chapelle de Blandy, proche la sacristie, afin d'y nommer un ou deux de MM. les laïques pour scrutateurs, et MM. les laïques en celle de Notre-Dame, afin de faire choix d'un ou de deux de MM. les ecclésiastiques pour scrutateurs également ; ce qui ayant été observé, M. l'abbé Parfait et M. l'abbé Loizel, curé de St-Jean en Grève, ont été nommés scrutateurs par MM. les laïques, et M. le président de Poussemotte et Frizon, conseiller, par MM. les ecclésiastiques. Après avoir prêté serment, entre les mains de M. l'archevêque, de recevoir et marquer fidèlement les voix, ils sont demeurés assis dans l'enclos du maître-autel, à côté de l'épître. Les ecclésiastiques ont commencé avec M. l'archevêque à donner leurs voix ; ensuite M. le premier président suivi de tous MM. les laïques. Et il s'est trouvé que M. de Novion avait réuni toutes les voix, sur quoi M. l'archevêque l'a déclaré à haute voix doyen de cette grande confrérie, et a loué en termes infatigable , qu'on les voyait , dans les temps calamiteux , s'échapper du Palais entre deux audiences pour aller présider en robe aux distributions de vivres et de bois que la Confrérie faisait faire , trois fois par semaine, sous le porche de Sainte-Madeleine.

obligeants le choix. Ensuite M. de Novion , ayant été conduit devant M. l'archevêque, il a prêté le serment entre ses mains, en la qualité de doyen , de conserver les biens et de maintenir les droits et priviléges de cette confrérie. Et à l'instant M. l'archevêque a entonné l'hymne *Te Deum* en actions de grâces, lequel étant fini, accompagné de messieurs du bureau de la confrérie, a conduit M. le doyen à son siége, l'a installé et complimenté. M. le premier président a répondu qu'il lui était bien obligé, à lui et à tous les confrères, de l'honneur qu'ils lui avaient fait de l'avoir élu unanimement doyen de cette célèbre et ancienne confrérie ; qu'il promettait de s'employer fortement pour sa conservation et maintien , et de donner des marques de sa reconnaissance à tous messieurs les confrères, tant en général qu'en particulier. »

Il est à remarquer que l'élection de l'abbé se faisait de la même manière et avec de semblables cérémonies. Ainsi le pouvoir, dans cette œuvre importante, était partagé entre l'Eglise et la Magistrature, entre Dieu et la Loi.

En 1410, une affreuse disette désola Paris et la France : la Confrérie, pour adoucir autant qu'il était en son pouvoir les maux du peuple de la capitale, envoya deux commissaires dans les Pays – Bas pour y acheter des blés. Ces commissaires étaient deux avocats dont les régistres du Parlement nous ont conservé les noms : ils s'appelaient Hormeau et Dulangay. Au bout de trois semaines, les deux envoyés revinrent à la tête de cent soixante grosses voitures de farine, d'orge et de sarrasin. Leur entrée dans Paris fut une espèce de triomphe, et le peuple leur décerna le surnom de Boulangers (1). Ce glorieux

(1) Paris, qui oublie tout, a perdu jusqu'au souvenir de ces bienfaiteurs de son peuple. Mais le Palais, qui a plus de mémoire, se rappelle encore avec un sentiment d'orgueil et de satisfaction le nom de ce président du Parlement qui fut surnommé aussi par le peuple le Boulanger, et qui a laissé, sous ce nom qui vaut mieux qu'un titre nobiliaire, une famille nombreuse et honorée.

MÉM. II.   3

sobriquet leur resta et s'étendit jusqu'à la Confrérie tout entière , qu'on appela communément la Boulangère.

Les biens de la Confrérie étaient considérables : elle possédait , tant en biens-fonds qu'en rentes et censives, sept cent mille écus : une grande partie de ses biens remontait à des donations faites sous les règnes de saint Louis, de Philippe-le-Bel, de Charles V et de Louis XII. Lors de sa suppression , tous ces biens furent attribués aux hôpitaux de Paris.

La charité évangélique avait fait son temps ; le tour de la bienfaisance était arrivé. La charité chrétienne, humble, modeste, attentive et discrète , s'envola avec les croyances de la nation , se réfugier dans le sein de Dieu ; la bienfaisance s'établit sur les tréteaux de la place publique, fit sonner ses trompettes et ses clairons, parla haut , se drapa avec ostentation dans le manteau païen de la philosophie, et jeta bruyamment à l'indigence quelques parcelles de cuivre et d'argent. Dès ce moment, le dur bienfait remplaça la douce aumône, et les secours accordés au malheur ne se donnèrent plus au nom de la Providence, mais au nom de l'humanité !

Quelques années avant l'abolition de la Confrérie des gens du Palais, l'église de Saint-Yves, célèbre dans les annales du vieux barreau parisien, était tombée de décrépitude et de vétusté. Cette petite église, située au coin de la rue Saint-Jacques et de la rue des Noyers, avait l'insigne honneur de conserver dans une niche de sa sacristie le bâton de la bannière des avocats. C'était là que dans les fêtes et les cérémonies où l'Ordre était appelé à figurer, le doyen des avocats, accompagné des vingt-quatre plus an-

ciens avocats , venait chercher solennellement le moderne Labarum. Le doyen
portait ordinairement la bannière, et de
cette coutume , qui remonte au règne de
saint Louis, est venu le titre de bâtonnier,
qui existe encore de nos jours. A la dé-
molition de Saint-Yves , la bannière fut
portée à la Sainte-Chapelle du Palais, où
elle resta jusqu'à la révolution. On voyait
dans cette église une grande quantité de
sacs pendus aux voûtes et aux piliers (1);
ces sacs contenaient les pièces de plusieurs procès qui avaient été gagnés par
l'intercession de saint Yves (1).

(1) Jusqu'au commencement du XVIIIe siècle , les
procureurs et les avocats mettaient leurs titres et leurs
pièces dans des sacs qu'ils portaient attachés à la cein-
ture de leurs robes. Racine dans les *Plaideurs* a tiré
un parti très comique de cet usage.

(1) Ives ou saint Ives, d'une famille noble de Ker-
mertin , en Bretagne , étudia à Paris en théologie et en
droit canon , et alla faire ensuite ses études de droit
civil à Orléans. Il parut avec éclat au Barreau de Pa-

Au surplus, le bâton de l'Ordre n'était plus l'objet de la vénération du Barreau depuis la fin du XV° siècle ; c'était un mythe, un symbole, qu'on laissait pourrir dans les profondeurs d'une armoire de sacristie. Le dernier doyen des avocats qui le porta fut Denis Sargeau , sous le règne de Charles VIII.

Le mariage d'un jeune conseiller au Parlement, M. de Clagny, avec la fille du fermier-général Sansot, en 1779, occupa pendant quelques jours les loisirs du Palais. Ses noces se firent dans la magnifique maison de campagne que M. San-

ris, sous le règne de Philippe-le-Hardi, et s'y fit remarquer , dit un biographe, par son savoir et son zèle ardent pour la justice, la régularité de ses mœurs et par sa sincère piété. Dans plusieurs provinces, les légistes le prirent pour patron ; à Paris, il partageait cet honneur avec saint Nicolas, qui était, dès le temps de Charlemagne, le patron des gens d'études et des écoliers, ou, pour parler plus clairement, des magistrats et de l'Université.

sot avait fait bâtir au village d'Ivry, près Paris, et elles furent splendides. La bienfaisance, dont je parlais tout-à-l'heure, joua un grand rôle dans cette circonstance.

Le fermier-général, qui tint une table ouverte de cent couverts pendant dix jours, voulut que cent pauvres fussent nourris également à ses frais pendant le même nombre de jours. Ainsi, au même moment où des équipages fastueux, des calèches élégantes, des carrosses rapides entraient dans la cour d'honneur du château, on voyait se glisser par les cours inférieures une foule de mendiants plus ou moins valides, vieillards, femmes, enfants, qui venaient s'asseoir au banquet que la bienfaisance leur avait offert à grand bruit.

Ces noces pouvaient être comparées aux noces de Gamache, dont Cervantès

nous a fait, dans son Don Quichotte, une
si joyeuse peinture, tant il y avait de luxe
et de prodigalité ; mais si le romancier
n'avait rien eu à glaner dans ce jubilé
financier, en revanche, Hoggart et Callot
auraient pu faire une ample moisson de
caricatures en saisissant sur le fait l'ivresse
et la joie des pauvres traités dans ce festin à l'égal des maîtres du logis.

M. de Clagny avait invité plusieurs
membres du Barreau à venir jouir de la
superbe hospitalité de son beau-père. J'y
allai avec MM. Gerbier, de Mauléon et de
Guichany. La réception du fermier-général fut celle d'un Médicis , et le festin
digne de Lucullus. M. Sansot , tout fermier-général qu'il était , tout parvenu
qu'il devait être , n'était point dépourvu
de sens et d'esprit ; il fit les honneurs de
sa table avec une grâce , avec un atticisme digne d'éloges. J'avais auprès de

moi le marquis de Bièvre, devenu si célèbre depuis par ses jeux de mots, qui
ne cessait de s'extasier sur les manières
pleines de délicatesse et de convenance de
notre amphytrion.

— Pourquoi donc vous étonner ainsi,
lui dis-je ; ne connaissez-vous donc pas
M. Sansot ?

— C'est précisément parce que je le
connais que ma surprise croît et s'aug-
mente à chaque instant, me répartit le
marquis. Allons, il faudra que j'en fasse
compliment à Molé.

— A Molé le comédien ? lui dis-je.

— Oui, à Molé, le comédien ordinaire
du roi.

— Qu'a de commun Molé avec un fermier-général ?

— Il a de commun, répartit M. de
Bièvre, que ce fermier-général, qui était
plus bête et plus engourdi, il y a trois

semaines, que le Turcaret de Lesage, a voulu se dégrossir et se policer pour présider à l'hymen de sa fille unique. Il a fait venir Molé et lui a dit :

« Je marie ma fille avec un magistrat, il me faut des formes et des manières graves et dignes, pouvez-vous m'en vendre ou m'en apprendre, je vous donnerai trois cents louis. »

Molé a accepté, et d'une espèce d'ours mal léché il a fait, comme vous voyez, un maître de maison de fort bon aloi. D'honneur, je ne me serais pas attendu à une métamorphose si complète et si prompte, et j'en féliciterai le comte Almaviva.

— Ce que Molé n'a pu donner à M. Sansot, fis-je, c'est un très grand sens et un fort bon esprit.

— Oh ! quant à cela, reprit M. de Bièvre, il a toujours eu du bon sens ; j'ai été à même de m'en apercevoir autrefois, quand il était métayer de mon aïeul.

Le dîner fut vif et animé : on parla beaucoup et on parla bien.

A neuf heures du soir, des équipages du fermier-général furent disposés pour reconduire les convives qui n'en avaient point.

Au moment de se séparer, M. Sansot vint au marquis de Bièvre qui me donnait le bras.

— Eh bien ! cher marquis, dit le fermier-général en serrant affectueusement dans ses gros bras le très mince faiseur de bons mots, que dites-vous de notre réunion d'aujourd'hui ?

— Vous m'en voyez enchanté, répliqua le marquis, émerveillé, terrifié.

— Bon ! vrai ?

— Ma parole d'honneur.

— Le choix des convives vous a donc plu ? J'en suis heureux !

— Mon cher ami , répondit M. de Bièvre , jugez par un seul mot de ma satisfaction : je croyais trouver ici Sansot (cent sots) et j'y ai rencontré cent sages.

Je ne sais si le fermier-général comprit tout d'abord le calembourg ; mais il se mit à rire à outrance , et frappa allégrement sur l'épaule du marquis.

— Allons - nous - en , me dit M. de Bièvre ; voilà le naturel qui revient au galop chez notre amphytrion , et je ne veux pas perdre sitôt mes illusions. En définitive, le bon Sansot, qui a bu comme un templier , n'a pourtant point oublié les leçons du grand-maître Molé ; mais dans une heure peut-être il n'y pensera plus. Partons, partons au plus vite.

Dans les premiers mois de 1779 , l'Ordre des avocats donna une nouvelle preuve de la rigidité de sa discipline. Un jeune avocat, plein de talent et d'avenir, était allé au bal de l'Opéra ; il accompagnait une dame.

A la suite d'une querelle fort légère et survenue tout à coup dans la loge où il se trouvait, un duel fut proposé et accepté entre deux gardes-du-corps, et M. de Graime, c'est le nom de l'avocat, fut invité à servir de témoin à l'un des combattants. On devait se battre à la sortie de l'Opéra, c'est-à-dire de quatre à cinq heures du matin. Le jeune légiste crut ne pas devoir refuser ce triste honneur, et se rendit sur le terrain, où son éloquence et ses représentations chaleureuses ne purent empêcher le duel. Il eut lieu, et les suites en furent bien funestes ; un des combattants perdit la vie ; c'était le garde-du-corps dont M. de Graime était le témoin.

Le conseil de l'Ordre fit comparaître le jeune avocat, blâma sa conduite, et lui donna à entendre qu'il convenait à la dignité de la toge de ne point paraître au Palais avant six mois.

— Je ferai mieux, messieurs, dit le jeune avocat, je n'y paraîtrai plus.

Il partit huit jours après pour l'Amérique, se présenta au marquis de La Fayette, à Boston, et obtint bientôt, par ses belles actions et sa noble conduite, le grade de brigadier-général dans les troupes de l'Union.

Au moment où j'écris, l'ancien avocat du barreau de Paris, le général Graime, vit retiré dans une terre qu'il possède à quelques lieues de Philadelphie.

III.

Rentrée de la Saint-Martin en 1780. — Le premier avo-
cat-général Séguier. — Un déjeûner chez M. de
Florian. — Une partie de plaisir de M. le duc de
Penthièvre.

La rentrée de la Saint-Martin, en 1780,
se fit avec une pompe extraordinaire. La
messe rouge (1), célébrée par l'archevê-

(1) Le Parlement en corps assistait à la messe du
Saint-Esprit, en *robes rouges*, de là le mot de *messe
rouge*. Cette pieuse cérémonie remonte au règne de

que de Lyon, primat des Gaules, attira dans l'enceinte du Palais un si grand nombre d'étrangers de distinction, de princes et d'ambassadeurs, que la grand'salle pouvait à peine les contenir. La présence de l'ambassadeur turc à cette cérémonie religieuse, fut généralement remarquée; c'était la première fois peut-être que le représentant d'une puissance mahométane assistait à une solennité du culte catholique. La contenance de l'ambassadeur fut grave et décente, et quelques spectateurs enclins à critiquer comparaient tout haut cette noble austé-

Charles V. On lit dans les chroniques de Saint-Denis : « Le roi Charles cinquième aimait fort à se rendre en la grande salle à la rentrée du Parlement de Paris, pour ouïr la messe et les harangues habituellement travaillées de MM. les avocats-généraux. M. le premier président lui faisait préparer contre l'autel un prie-Dieu sans aucun ornement, car il l'avait ainsi commandé. Entre Dieu et la Justice, disait ce bon roi, la pourpre ne doit point se montrer. »

rité d'attitude au laisser-aller et à la pé-
tulance peu orthodoxe des jeunes conseillers des enquêtes. Quoi qu'il en soit ,
la messe du Saint-Esprit fut entendue par
la majorité des assistants dans un respectueux silence, et magistrats, avocats,
unis dans les mêmes prières et dans les
mêmes espérances, semblaient demander
au ciel le bonheur, la liberté et le triomphe de la patrie.

M. l'avocat général Antoine Séguier
prononça le discours d'usage; il prit pour
texte *l'alliance de la justice et de l'humanité.* On s'apercevait aisément que l'orateur s'était inspiré de l'excellente harangue du savant et judicieux Servan (1);

(1) L'éloquent Servan, avocat-général du Parlement
de Grenoble, avait publié, quelques années auparavant, un discours sur *l'administration de la justice
criminelle.* Je reproduirai le passage suivant, qui don-
nera une idée du style et des inspirations généreuses
de ce magistrat : « Jetez les yeux sur ces tristes mu-

mais M. Séguier sut si bien enchasser
dans son œuvre les excellentes pensées ,
les charitables considérations de son illustre devancier, que personne ne songea

railles, où la liberté humaine est renfermée et chargée
de fers, où quelquefois l'innocence est confondue avec
le crime, et où l'on fait l'essai de tous les supplices
avant le dernier. Approchez, et si le bruit horrible des
fers, si des ténèbres effrayantes , des gémissements
sourds et lointains, en vous glaçant le cœur , ne vous
font reculer d'effroi, entrez dans ce séjour de la douleur, osez descendre un instant dans ces noirs cachots,
où la lumière du jour ne pénétra jamais; et sous des
traits défigurés, contemplez vos semblables , meurtris
de leurs fers, à demi-couverts de quelques lambeaux
infectés d'un air qui ne se renouvelle jamais, et semble
s'imbiber du venin du crime, rongés vivants des mêmes insectes qui dévorent les cadavres dans leurs tom-
beaux, nourris à peine de quelque substance grossière
distribuée avec épargne, sans cesse consternés des
plaintes de leurs malheureux compagnons et des me-
naces d'un impitoyable gardien, moins effrayés du supplice que tourmentés de son attente. Dans ce long
martyre de tous leurs sens, ils appellent à leur secours
une mort plus douce que leur vie infortunée. Si ces
hommes sont coupables, ils sont encore dignes de pitié, et le magistrat qui diffère leur supplice est mani-
festement injuste à leur égard. Mais si ces hommes sont
innocents! ô douleur! ô pitié! à cette idée l'humanité
pousse, du fond du cœur, un cri terrible et tendre. »

à se plaindre des emprunts qu'il avait faits. La harangue de M. Séguier obtint un succès éclatant, et les divers jugements qu'on en porta défrayèrent pendant quinze jours la conversation des salons de Paris. Le style de M. l'avocat général était incisif, mordant, rapide; ses métaphores étaient brillantes et hardies. Avec de semblables qualités on peut toujours compter sur des éloges et sur des critiques outrées. M. Séguier, qui ne visait point à la renommée de l'orateur, mais qui voulait avant tout agir et parler en magistrat, se montra insensible aux panégyriques et aux sarcasmes dont il fut l'objet, et répondit, de cette grande voix parlementaire qui lui allait si bien, à des amis trop empressés de le consoler :

« Je me soucie peu des suffrages du monde ; quand ma conscience me dit de parler, je parle; Dieu m'écoute, me juge, me comprend : cela me suffit. »

M. le premier président d'Aligre donna ce jour là, selon la coutume, un grand dîner, où les présidents à mortier, un grand nombre de conseillers de la Grand'Chambre et plusieurs avocats furent invités. J'avais l'honneur d'être du nombre de ces derniers, et le souvenir de cette réunion si imposante et si noble vivra éternellement dans mon cœur. Nous étions environ quatre-vingts à table, tant magistrats qu'avocats. Treize ans après, le tiers des convives du premier président n'existait plus : l'échafaud était venu en aide à la mort naturelle. Aujourd'hui je survis seul à l'élite de la Magistrature et du Barreau français !

J'avais rencontré dans les derniers mois de 1779, chez M. Cazotte, un homme dont le talent modeste et pur avait fait la

fortune littéraire : c'était M. de Florian,
capitaine de dragons et gentilhomme ordinaire de M. le duc de Penthièvre. Une
grande conformité de goûts et d'opinions
avait établi entre nous de fréquentes relations. Quelques jours après la rentrée
des vacances, il m'adressa une invitation
à déjeûner.

« Outre le plaisir que je me promets
de passer quelques heures avec vous,
me disait M. de Florian dans son billet,
je me fais une véritable fête de vous faire
connaître M. Harrington, professeur à
l'Université de Cambridge et l'un des
avocats les plus occupés d'Angleterre.
Tâchez, je vous prie, de décider M. de
Saint-Pierre à vous accompagner, et ex-
cusez-moi l'un et l'autre si je ne vous ai
point fait mon invitation de vive voix :
les gens qui s'estiment et qui s'aiment
pardonnent volontiers ces petites infrac-

tions à l'étiquette. Le bon Cazotte sera des nôtres , et notre charmant peintre Greuze m'a donné sa parole. Notre matinée sera délicieuse, puisque l'amitié présidera au banquet des lettres et des arts. »

Bernardin était un peu misanthrope ; j'eus toutes les peines imaginables à lui faire accepter l'invitation de M. de Florian.

— Votre capitaine de dragons est un peu trop sans façons, me dit-il, me croit-il indigne d'une invitation *ad hoc ?* Tous ces officiers du bel air sont taillés sur le même patron. Ils pensent que tout leur est permis.

— N'incriminez pas la conduite de M. de Florian , répondis-je à Bernardin , et ne le confondez pas avec nos Césars de salon, persifleurs par ton et impertinents par nature. M. de Florian est capitaine de dragons comme vous êtes ingénieur, mon cher ami ; sa véritable épée est une plume. D'ailleurs, rappelez-vous le jour où vous m'avez emmené chez Mme d'Houdetot.

— J'irai avec vous, répondit Bernardin. En définitive, je serai bien aise de me retrouver avec M. Greuze, dont j'admire le talent et dont j'aime le caractère. Je ne serai pas fâché aussi de m'assurer si ce professeur de Cambridge n'est pas le même que le légiste anglais qui se trouvait en même temps que moi à la cour de l'impératrice de Russie..

Bernardin de Saint-Pierre n'eut pas lieu de se repentir de sa démarche, notre matinée chez M. de Florian fut très agréable. Cazotte, contre son ordinaire, était d'une gaîté presque folle ; Greuze pétillait de saillies et de bons mots ; le professeur Harrington, qui s'était effectivement trouvé en Russie lors du séjour de Bernardin de Saint-Pierre , nous intéressa vivement par sa conversation semée de traits spirituels et d'observations piquantes.

On parla du Barreau anglais et du Barreau français. M. Harrington, doué d'une intelligence qui le mettait au-dessus des préjugés nationaux, confessa que les avocats français l'emportaient de beaucoup sur les avocats anglais dans les luttes du prétoire.

— La tribune de notre Parlement est ouverte à tous ceux qui se sentent orateurs, et le Barreau n'est chez nous qu'un défilé qu'on traverse le plus vite qu'on peut, nous dit-il, pour arriver à la Chambre des communes. Si un jour, dans votre France, le gouvernement représentatif s'établit , vous verrez que l'éloquence passera des bancs du Barreau à

la tribune législative. Il n'y aura plus que
des avocats provisoires, et vous ne comp-
terez plus dans vos rangs ni des Lemaître,
ni des Patru, ni des Cochin, ni des Gerbier.

On mit ensuite sur le tapis le discours
que l'avocat-général Séguier avait prononcé à la rentrée de la Cour :

— Le nom de Séguier, dit M. Harrington, se rattache à l'un des plus beaux
établissements littéraires de la France,
l'Académie française. Le magistrat illustre, qui a soutenu de son crédit et de son
influence la glorieuse fondation du cardinal de Richelieu, mérite bien que son
nom, entouré d'hommages, passe de génération en génération jusqu'à la postérité la plus reculée. Il est bon de remarquer, ajouta M. Harrington, que les
lettres et les sciences doivent, en Angleterre et en France, leur splendeur à des

magistrats et à des avocats. A Paris, c'est le chancelier Séguier qui pose sur des bases immuables le premier corps littéraire de la France ; en Angleterre, c'est un avocat, c'est le docteur Wilkins qui crée l'immortelle Société royale de Londres.

— Vous pouvez mieux qu'un autre, monsieur, dit Cazotte, nous donner quelques détails sur l'origine de cette assemblée, puisque vous en faites partie ?

— Je me garderais bien de ne point obtempérer à votre désir, monsieur, répondit M. Harrington ; car je suis fier, comme Anglais et comme avocat, de cette belle et lumineuse institution.

Pendant les troubles qui suivirent la mort de Charles Ier et l'expulsion de la famille royale, quelques personnes de mérite, considérables par leurs emplois, par leur qualité et par leur savoir, se

rassemblèrent chez le docteur Wilkins,
qui demeurait à Oxford dans le collége
de Wadham. Leurs conférences n'avaient
rien de gêné ; chaque séance, ils se com-
muniquaient indistinctement le résultat
de leurs études , leurs découvertes sur
des objets d'histoire naturelle, et se donnaient réciproquement leurs avis sur ces
découvertes. Les principaux membres de
cette assemblée étaient : le docteur Sthe-
ward , depuis évêque d'Exeter ; le docteur Wilkins, ensuite évêque de Chester ;
M. Doyle, le chevalier Guillaume Petty,
M. Mathieu Wren , le docteur Wollis , le
docteur Goddard , le docteur Willis , le
docteur Bathurst, le docteur Christophe
Wren , depuis chevalier et surintendant
des bâtiments du roi ; M. Book et quelques autres.

Ces conférences particulières durèrent
jusqu'en 1658, que ces savants furent

appelés en divers endroits du royaume ,
et comme le plus grand nombre se rendit
à Londres, ils eurent la satisfaction de
s'y rencontrer dans le collége de Gres-
ham, aux leçons de MM. Wren et Book;
plusieurs gens de mérite se joignirent à
eux, et, deux ans après, le roi Charles II,
ayant été rappelé sur le trône, ét la tranquillité rétablie dans le royaume, ils re-
crutèrent encore de nouveaux membres.
Charles II aimait les sciences; il protégea
cette société naissante, et, le 22 avril 1664,
il signa un acte par lequel il l'érigeait en
compagnie sous le nom de *Société Royale*;
lui accordait la liberté de nommer un
président, deux secrétaires, un trésorier,
deux ou plusieurs inspecteurs pour les
expériences ; d'avoir un sceau commun ,
d'acheter des terres, d'avoir un ou plù-
sieurs imprimeurs et graveurs, et de faire
imprimer ou graver tout ce qu'ils juge-

raient à propos. Le roi se déclara le fondateur et le protecteur de cette illustre compagnie, et lui donna pour armes de gueule à trois lions d'Angleterre en chef, avec deux chiens de chasse pour supports et un aigle pour cimier. Le nombre des membres de la Société n'est pas fixé; il monte ordinairement à près de deux cents, et environ soixante associés étrangers. Les transactions philosophiques sont les extraits de leurs travaux, et on les publie régulièrement pour l'avantage des sciences et de la bonne philosophie. Combien de vieilles erreurs ont été arrachées de l'esprit des hommes par les rayons de lumière rassemblés dans cet ouvrage ! quel avantage n'en retire pas journellement l'art de la navigation ! Notre Société possède aujourd'hui une nombreuse et riche bibliothèque, considérablement augmentée par celle que le duc de Norfolk lui a léguée et par l'acquisition de celle du chevalier Cotton. Le savant Colwart lui a fait présent de son cabinet d'histoire naturelle.

Le docteur Harrington se serait peut-être étendu plus longuement encore sur la Société royale de Londres, si Greuze ne se fût écrié en regardant à la fenêtre :

— Voilà M. le duc de Penthièvre qui sort incognito !

C'était en effet le duc, qui, vêtu d'une modeste rhingrave et suivi d'un seul domestique, s'échappait furtivement de son hôtel.

— Messieurs, dit M. de Florian, c'est aujourd'hui mercredi. Chaque semaine, M. le duc consacre cette journée à une partie de plaisir qui commence le matin et qui finit le soir.

— Il va sans doute avec le duc d'Orléans, son gendre, assister à une course

au clocher dans les plaines de Gentilly,
dit Greuze.

— Il va au petit-lever du roi, dit l'Anglais.

— Le roi chasse aujourd'hui dans les bois de Satory, à Versailles ; le duc va rejoindre Sa Majesté, fit Cazotte.

— Vous n'y êtes pas, messieurs, répartit M. de Florian : M. le duc de Penthièvre ne va ni à la course au clocher, ni au petit-lever du roi, ni à la chasse dans les bois de Satory. Il ne quittera point Paris.

— Et qu'y fait-il donc? dit l'Anglais.

— Ce qu'il y fait, je vais vous le dire : suivi de son fidèle Firmin, son premier valet de chambre, il parcourt les quartiers les plus populeux et les plus pauvres de Paris; il monte dans les maisons les plus infimes, pénètre dans les réduits les plus misérables, et laisse partout des

traces de sa bienfaisance et de son inépui-
sable charité. Firmin emporte avec lui
deux cents louis, et cette somme ne suffit pas quelquefois au duc, qui est prodigue avec les pauvres, comme d'autres
grands seigneurs sont prodigues avec des
maquignons et des filles d'opéra. Il y a
aujourd'hui huit jours, j'allais voir un de
mes compatriotes, qui loge dans le faubourg Saint-Jacques ; à moitié chemin,
j'aperçus M. le duc sortir d'une masure
effroyable ; je fis semblant de ne pas le
voir, car je sais qu'il n'aime point à être
surpris dans ses vertueuses pérégrinations ;
il se cache pour semer les bienfaits, comme d'autres se cachent pour corrompre
et pour nuire. Il vint à moi et je m'arrê-
tai.

— Mon cher chevalier, me dit-il en
m'abordant, je viens de voir ici près, chez
un jardinier, des fleurs qui me font

grande envie. Firmin a eu la maladresse de ne point emporter d'argent sur lui ; pouvez-vous mettre une vingtaine de louis à ma disposition ?

Je tirai ma bourse et je la remis à M. le duc, qui la prit et disparut. J'appris le soir que ces fleurs qui lui faisaient envie étaient une pauvre famille qui lui restait à secourir.

Le récit de M. de Florian fit naître une émotion générale. De grosses larmes rou·lèrent dans les yeux de Bernardin, l'avocat anglais serra les poings d'attendrissement, et Cazotte s'écria d'une voix d'inspiré :

— Un grand seigneur comme M. de Penthièvre doit échapper à la justice du peuple, ou celle de Dieu n'existerait pas !

Le souhait de Cazotte fut accompli : M. le duc de Penthièvre mourut quelques années avant les excès de la Révolution et ne fut pas témoin des horribles scènes qui ne tardèrent pas à ensanglanter les avenues du trône.

IV.

Le déficit. — Le jeu de la reine. — Mot de M. de Malesherbes. — Le comte de Cagliostro. — Une lettre
de Jeanne d'Arc.

Louis XVI, dans son édit pour la remise des droits de joyeux avènement,
s'était exprimé ainsi :

« Entre les différentes dépenses qui sont
à la charge du Trésor public, il en est de
nécessaires, qu'il faut concilier avec la sû-

reté de nos États; d'autres, qui dérivent
de libéralités peut-être susceptibles de
modération, mais qui ont acquis des
droits dans l'ordre de la justice par une
longue possession, et qui dès lors ne présentent que des économies partielles; il
en est enfin qui tiennent à notre personne
et à la magnificence de notre cour :
pour celles-ci, nous pouvons suivre plus
promptement les mouvements de notre
cœur. »

Les bonnes intentions du prince, son
économie, l'exemple de la simplicité qu'il
donnait à sa cour, ne pouvaient remédier
au délabrement des finances. Un *déficit*
énorme, qui datait des dernières années
du règne de Louis XIV, et qui n'avait fait
qu'augmenter sous Louis XV, par les di-
lapidations incessantes de ce faible et vo-
luptueux monarque, en proie à des
maîtresses insatiables et à des favoris avi-

des, rendit nécessaire l'enregistrement successif de plusieurs édits bursaux.

Le Parlement, restauré, opposa ses armes ordinaires à l'enregistrement : remontrances, refus d'enregistrer, doléances, représentations respectueuses, tout l'arsenal, enfin, de sa patriotique prévoyance. Ce déplorable conflit entre la couronne et les dépositaires des droits et des franchises de la nation, amena en peu d'années l'Assemblée des notables, qui fut à la royauté ce que le Concile de Trente avait été au catholicisme.

Il n'entre pas dans ma pensée de discuter ici les théories financières des ministres de Louis XVI. Les actes de MM. Turgot, Necker et de Calonne appartiennent à l'histoire et ne peuvent être loués ou critiqués que par elle; mais qu'il me soit permis, en qualité d'avocat, de rappeler deux écrits d'une haute importance publiés par deux honorables avocats du barreau de Paris, MM. Michaut de Larquelay et Leprevost du Rivage. Le premier, dans une brochure intitulée : *Moyens de consolider le crédit et d'éteindre la dette*, développa des idées neuves et salutaires en matière de finances; le second, dans un ouvrage qui parut sous ce titre : *Ressources de la France*, jeta sur la question qui intéressait à un si haut degré toutes les classes de citoyens, de nouvelles et éclatantes lumières.

M. Leprévost du Rivage ne dissimulait point les périls de la situation, mais il indiquait, avec cette force de langage qui naît d'une conviction profonde, le moyen d'en triompher.

— Le mal est grand, disait-il, mais le remède est grand aussi. Une seule pensée doit unir tous les Français : sauver le trône et sauver la patrie !

Ce remède consistait à étendre l'impôt sur les biens de la noblesse et du clergé, et c'était, en effet, le seul moyen qui pût rétablir l'ordre et sauver la monarchie. Le ministre Calonne, à qui l'auteur fut présenté, adopta les vues de M. du Rivage, et déclara hautement, en plein conseil, que la mesure proposée par le savant avocat était la seule capable de prévenir des catastrophes et peut-être des crimes. M. de Calonne ne fut point écouté, et M. du Rivage ne tira d'autre avantage de son livre que l'honneur de l'avoir publié.

Par une coïncidence remarquable, au moment où deux avocats du barreau de Paris se signalaient à la face de la France par des écrits d'une haute portée politique, trois autres avocats de ce même barreau, qui étaient passés en Amérique pour fonder, les armes à la main, l'indépendance des colonies anglaises, recevaient, sur le champ de bataille de Tornhill, la récompense de leur bravoure et de leur intrépidité : Washington lui-même leur décernait le grade d'adjudants-généraux; enfin, à Paris, l'Académie française admettait dans son sein M. Turgot, que des plaidoyers brillants et de nombreux discours sur divers sujets d'économie politique et de législation avaient depuis quelques années placé au premier rang des avocats philosophes et des écrivains penseurs.

L'opinion publique s'était fortement déclarée pour les Parlements. Un parti puissant travaillait de son côté à dépopulariser le monarque en lui prêtant des arrière-pensées et des projets incompatibles avec l'honneur et la prospérité de la nation. Par une incroyable fatalité, la reine, si digne par les qualités de son cœur et de son esprit de l'amour et du respect des peuples, se laissait entraîner par de perfides conseils à des profusions et à des plaisirs dont la malveillance s'emparait pour jeter sur sa conduite privée les poisons de la haine et de la calomnie.

Le sage et vertueux Malesherbes fut appelé un jour à la cour ; c'était quelques mois après sa disgrâce. Le roi le reçut avec de grandes démonstrations de joie, et la reine l'accueillit avec une grâce touchante.

— Monsieur de Malesherbes, lui dit Marie-Antoinette, je veux vous montrer mes nouveaux appartements. Je désire avoir votre avis sur les embellissements que j'y ai fait faire.

— Je suis un assez mauvais juge en matière de goût et d'élégance, répondit le premier président ; mais puisque votre

Majesté daigne me consulter, je ne décli-
nerai pas ce témoignage de confiance.

La jeune reine conduisit alors M. de
Malesherbes dans son salon particulier,
dans son boudoir, dans sa galerie de tableaux. Arrivé dans un cabinet pompeu-
sement décoré et orné de tables couvertes
de jetons d'or, l'ancien ministre soupira.

— Qu'avez-vous, monsieur de Malesherbes? lui demanda la reine.

— Hélas! madame, répondit-il, je re-
connais ce cabinet; c'est ici que la comtesse Dubarry a dissipé pendant trop
longtemps les trésors de la France.

— C'est ici que se tient le jeu de la
reine, répondit la princesse de Lamballe,
qui accompagnait Marie-Antoinette.

— Quoi, madame, répartit d'une voix
émue le premier président, ce funeste
cabinet n'a point changé de destination?

— Le roi se couche ordinairement de

fort bonne heure, répliqua la reine, et je rassemble chaque soir ici un petit nombre de personnes ; nous causons et nous jouons quelquefois jusqu'à minuit : il faut bien occuper ses loisirs.

— Votre aïeule la grande Marie-Thérèse, répondit l'austère magistrat en s'inclinant respectueusement devant la reine, avait aussi des loisirs à occuper, mais je doute fort qu'elle les consacrât à de si dangereux amusements. J'ai ouï dire qu'il y avait dans le palais de Schœnbrunn un cabinet destiné au travail de l'impératrice ; on ne m'a point dit qu'il y en eût exclusivement réservé à son jeu (1).

(1) On montre encore de nos jours, dans le palais de Schœnbrunn, une chambre qu'on appelle le cabinet de travail de Marie-Thérèse ; c'est là qu'elle tenait conseil avec le prince de Kaunitz, son premier ministre. Napoléon, lors de son séjour à Schœnbrunn, travaillait dans ce cabinet ; il y accorda la grâce du comte d'Hasfeld, condamné à mort par un conseil de guerre.

Marie-Antoinette rougit et se mordit les lèvres.

— Vous êtes bien rigide, monsieur le président, répliqua-t-elle avec un léger mouvement de colère.

— Non, madame, répondit le magistrat, je suis seulement un très mauvais courtisan, et je vous demande humblement pardon d'avoir pensé tout haut dans un lieu où la franchise et la sincérité d'un sujet fidèle peuvent passer pour de la félonie.

L'attention publique fut vers cette époque un instant détournée de la scène politique par l'apparition en France d'un homme singulier, dont la renommée éclipsa bientôt celle des fourbes illustres qui exploitaient la crédulité nationale. Je veux parler du comte de Cagliostro, qui joua plus tard, dans l'affaire du Collier, un rôle fort peu honorable. J'emprunte-

rai au grand-vicaire de l'évêque de Strasbourg (cardinal de Rohan) les renseigne-
ments suivants sur cet aventurier, fort
inférieur sous beaucoup de rapports au
comte de Saint-Germain, dont j'ai entre-
tenu mes lecteurs au commencement de
ces Mémoires, mais aussi habile que lui
dans l'art de fasciner les yeux des grands:

« Cet homme, dont la véritable origine est encore inconnue, avait parcouru
sous différents noms diverses contrées de
l'Europe; il s'était fait chasser de Vienne,
de Pétersbourg et de Varsovie. Voulant
tenter si le sol de la France serait plus favorable au développement de ses opinions, il débarqua tout à coup à Strasbourg. Sa manière d'être et d'exister était
faite pour piquer la curiosité. Aussi,
était-ce là son but. On ne lui connaissait
aucune espèce de ressource, aucune lettre de crédit; et néanmoins il vivait dans

la plus grande aisance , répandant des
bienfaits sur la classe indigente, sans faire
une seule démarche pour se procurer la
faveur des grands. S'il était recherché
par eux , il s'élevait à une hauteur qu'on
avait beaucoup de peine à atteindre ; et
si alors il daignait s'abaisser pour les ac-
cueillir, on regardait cet accueil comme
une grâce dont on était flatté. Il préparait ainsi la vénération dont il voulait
s'environner pour produire les effets qu'il
avait en vue. Afin d'augmenter sensible-
ment l'intérêt qu'il voulait inspirer, il se
disait Egyptien, initié dans les secrets de
la nature , connaissant l'emploi le plus
salutaire de tous les simples répandus sur
la surface du globe pour la guérison des
maladies et la prolongation de la vie humaine. Ses trois grands remèdes étaient
des bains où dominait l'extrait de sa-
turne ; une tisane dont la recette n'était

confiée qu'à un apothicaire de son choix,
et des gouttes de sa composition, dont
les merveilleux effets lui créaient des partisans et propageaient sa réputation. Des
guérisons subites de maladies jugées mor-
telles et incurables, opérées en Suisse et
à Strasbourg, portaient le nom de Cagliostro de bouche en bouche, et le faisaient passer pour un médecin véritable-
ment miraculeux. Ses attentions pour les
pauvres et ses dédains pour les grands,
donnaient à son caractère une teinte de
supériorité et d'intérêt qui excitait l'en-
thousiasme.

Ceux qu'il voulait bien honorer de sa
familiarité ne sortaient d'auprès de lui
qu'en publiant avec délices ses éminentes
qualités. Le cardinal de Rohan se trouvait dans sa résidence de Saverne quand
le comte de Cagliostro étonnait ainsi
Strasbourg et la Suisse par sa conduite

et les prodigieuses guérisons qu'il opérait. Curieux de connaître un homme si extraordinaire, ce prince vint à Strasbourg ; il fallut négocier pour être admis près du comte.

— Si M. le cardinal est malade, disait-il, qu'il vienne et je le guérirai ; s'il se porte bien, il n'a pas besoin de moi, ni moi de lui.

Une pareille réponse, bien loin d'offenser l'amour-propre du prince, ne fit, au contraire, qu'exciter l'envie qu'il avait de le connaître.

Admis enfin dans le sanctuaire de ce nouvel Esculape, il vit, comme il l'a raconté depuis, sur la physionomie de cet homme si peu communicatif, une dignité si imposante, qu'il se sentit pénétré d'un religieux saisissement et que le respect commanda ses premières paroles. Cet entretien, qui fut assez court, excita, plus vivement que jamais, le désir d'une connaissance plus particulière. Il y parvint enfin, et le rusé empyrique gradua si bien sa conduite et ses propos qu'il parvint lui-même, sans avoir l'air de le chercher, à la plus intime confiance du cardinal et au plus grand ascendant sur sa volonté.

— Votre âme, dit-il un jour à ce prince, est digne de la mienne, et vous méritez d'être le confident de tous mes secrets.

Cet aveu captiva les facultés intellectuelles d'un homme qui, de tout temps, avait couru après les secrets de la haute chimie et de la botanique. Dès ce moment, les relations devinrent intimes et publiques ; le comte de Cagliostro venait s'établir à Saverne, lorsque le cardinal y faisait sa résidence ; leurs solitaires entretiens étaient longs et fréquents. Quand le prince revint à Paris, il laissa en Alsace un de ses gentilshommes, le confident de ses pensées, pour prodiguer à Cagliostro tout ce qu'il désirerait.

Que penser d'une époque où un prince de l'Église, un grand seigneur, un homme qui se piquait de partager les opinions philosophiques de Voltaire, de Mably, de Raynal et de Rousseau , se livrait sans examen aux jongleries métaphysiques d'un charlatan dont le nom était une énigme, la science une chimère, la vie un problème. De quel nom qualifier un siècle où le chapeau de cardinal , refusé à Bossuet et à Fénélon , couvrait la tête d'un homme assez fou pour se déclarer l'amant de sa souveraine ! Noblesse et clergé faisaient assaut, dans ces temps déplorables, de sottise et d'ineptie : un bras plus fort que celui de la philosophie les poussait vers l'abîme , où blason , mître et mortier devaient s'engloutir , en entraînant après eux l'autel qu'ils avaient souillé et le trône qu'ils ne savaient plus défendre.

Je me trouvai chez mon confrère, M. de Bouvières, en 1783, avec un homme qui, sans se vanter d'être prophète, avait pourtant, dès l'année 1778, prédit une partie des événements qui devaient changer la face de notre pays (1), M. Delille, officier au régiment de Champagne, avait longtemps vécu dans l'intimité du duc de Choiseul, du duc de Coigny et de la

(1) Je ne saurais résister au plaisir de citer ici deux couplets de cette chanson, qui obtint en 1788 un succès inouï :

Vive tous nos beaux esprits
Encyclopédistes,
Du bonheur français épris,
Grands économistes;
Par leurs soins au temps d'Adam
Nous reviendrons, c'est leur plan :
Momus les assiste,
O gué,
Momus les assiste.

princesse de Guéménée, et avait puisé dans cette société d'élite cette fleur d'urbanité, cet atticisme charmant, qui rehaussent les qualités naturelles, et qui donne un nouveau lustre à un esprit cultivé par l'étude. On parla procès (car de quoi peut-on parler avec plus de plaisir chez un avocat?)

— Messieurs, dit M. Delille, qui ne restait étranger à aucune conversation, je possède sur moi un véritable trésor, c'est une lettre dictée et signée par la libératrice de la France, par Jeanne d'Arc; la voici.

Nous nous empressâmes tous de contempler cette vénérable relique, et M. de

Du même pas marcheront
Noblesse et roture;
Les Français retourneront
Au droit de nature.
Adieu Parlements et lois,
Adieu ducs, princes et rois!
La bonne aventure,
O gué,
La bonne aventure.

Bouvières ayant demandé à M. Delille où il avait pu se procurer ce précieux document, l'officier au régiment de Champagne nous dit qu'il le tenait d'un gentil-homme de sa province, descendant de l'illustre famille des comtes d'Armagnac.

La lettre de Jeanne était effectivement adressée au comte d'Armagnac. Ce seigneur, qui croyait fermement à la mission divine de la bergère de Vaucouleurs, lui avait demandé auquel des trois papes qui, sous Charles VII, se disputaient la tiare, les catholiques devaient obéir. La pucelle lui écrivit la lettre suivante, que je transcrivis sur l'original de M. Delille.

JÉSUS. † MARIA.

« Comte d'Armagnac, mon très cher et bon ami,

» Jehanne la pucelle vous fait savoir que votre message est venu par devers

moi, lequel m'a dit que vous l'avez envoyé par deça pour savoir de moi auquel
des trois papes que mandez par mémoire
vous devriez croire ; de laquelle chose ne
vous puis bonnement faire savoir au vrai
pour le présent , jusqu'à ce que je sois à
Paris ou ailleurs à requois (repos) ; car
je suis pour le présent trop empêchée
aux faits de la guerre ; mais quand vous
saurez que je serai à Paris , envoyez-moi
un message par devers moi, et je vous ferai savoir tout au vrai auquel vous devez
croire, et que en aurez sçu par le conseil
de mon souverain seigneur, le roi de tout
le monde , et que en aurez affaire à tout
mon pouvoir. A Dieu vous commans ,
Dieu soit garde de vous.

» Escrit à Compiègne , ce 22ᵉ jour
d'aoust 1429.

» JEHANNE. »

Ce chétif morceau de parchémin ,

échappé comme par miracle aux ravages du temps, fut pour nous tous l'objet d'une patriotique admiration.

— Je voudrais pour dix louis être le propriétaire de cette chère relique, s'écria M. de Bouvières, dont la belle âme s'exaltait facilement.

— Vous le serez pour rien, mon cher de Bouvières, répartit M. Delille, je vous la donne. Le savant qui a défendu la mémoire des Templiers est digne de conserver un souvenir de Jeanne d'Arc.

M. de Bouvières fit hommage de cette lettre, quelques années plus tard, à la bibliothèque des avocats. Mais la révolution survint, et la lettre de Jeanne d'Arc, comme celles du président Montesquieu, que l'on conservait avec soin dans ce précieux dépôt, fut perdue et livrée peut-être pour quelques liards, par un patriote non lettré, à l'officine de l'épicier du coin.

Ce fut, en effet, chez une fruitière de la rue Galande que M. Ferey retrouva, en 1802, une partie des livres et des anciens manuscrits de la bibliothèque de l'Ordre. *Habent sua fata libelli !*

V.

Mesmer chez M. Bergasse. — Les plaideurs Gluckistes et les procureurs Piccinistes. — La maison de
Cagliostro. — La veuve d'un avocat.

L'amour du merveilleux s'était emparé
des meilleurs esprits. Un avocat qui jouissait à juste titre, dans le Barreau de
Paris, d'une grande réputation d'éloquence et de lumière , M. Bergasse ,
l'implacable adversaire de Beaumarchais,

se fit le prôneur et le Mécène du médecin allemand Mesmer (1). L'exemple de Bergasse entraîna plusieurs hommes distingués : le général Lafayette, le conseiller d'Espremenil, l'astronome Lalande, le savant Bailly, devinrent les disciples de l'Esculape germain. En vain l'Académie des Sciences et la faculté de médecine s'efforcèrent-elles de prévenir le public contre les jongleries du nouveau charlatan : la mode s'empara du magnétisme, et la cour, aussi crédule,

(1) Mesmer avait débuté, en 1766, par une thèse intitulée: *De Planetarum in fluxu*, etc. (De l'Influence des Astres sur le système nerveux.) Après avoir soutenu à Vienne une polémique assez vive avec le Père Hell, savant physicien, qui prétendait, à tort ou à raison, que Mesmer lui avait volé son idée, il se décida à venir en France, cette terre promise de tous les intrigants et de tous les aventuriers de l'Europe. Mesmer arriva à Paris en 1778, et ne tarda pas à se faire de nombreux prosélytes parmi les hommes mêmes qui paraissaient le moins susceptibles d'être dupes. Mesmer m'a assuré qu'il comptait, dans le seul Parlement de Paris, plus de soixante disciples.

aussi avide de nouveautés que la capitale, prit sous sa protection le thaumaturge et sa doctrine, qui dès ce moment
put compter sur un triomphe aussi brillant que lucratif.

Des relations de Palais et de société
m'avaient, depuis quelques années, donné
accès dans la maison de M. Bergasse. J'y
vis Mesmer, et plus d'une fois je fus témoin des marques de déférence et des
honneurs qu'on rendait à ce qu'on appelait son génie. Il faut pourtant l'avouer
ici, cet homme, qui se voyait continuel-
lement adulé, courtisé, encensé par les
personnages les plus éminents de l'époque, ne laissait percer aucun mouvement
d'orgueil, ni dans sa physionomie ni
dans ses discours. Il s'exprimait assez facilement en français, supportait volontiers la contradiction, et apportait, dans
les discussions générales, une bonhomie

et un laisser-aller qui prouvaient en faveur de sa conviction personnelle.

M. Bergasse me pressait vivement de m'enrôler sous la bannière du magnétisme.

C'est aux hommes qui pensent, me disait-il, qu'est réservée la gloire de soutenir et de propager les doctrines utiles à l'humanité. Entrez dans nos rangs, mon cher confrère, et combattez avec nous.

— Je n'hésiterais pas un instant à suivre votre conseil, lui répondis-je, si je me sentais assez de foi ; mais le scepticisme du siècle m'a gagné. Seulement il n'a pas chez moi d'effet rétroactif.

— Je vous entends, répartit M. Bergasse, de vieilles erreurs ont plus de prix à vos yeux que des vérités nouvelles.

— Jusqu'à plus ample informé, mon

cher confrère, vous me permettrez de mettre au nombre des erreurs la doctrine de M. Mesmer.

M. Bergasse était avec Mesmer aux eaux de Spa en 1783, lorsque ce dernier apprit qu'un de ses disciples nommé Deslon avait obtenu, je ne sais par quel moyen, un arrêt du Parlement qui le reconnaissait comme unique possesseur du secret du magnétisme animal.

— Je suis un homme ruiné, s'écria Mesmer.

— Vous êtes un homme enrichi, répondit M. Bergasse, et je ne tarderai pas à vous en donner la preuve.

En effet, au bout de six semaines, Mesmer recevait des mains de l'avocat 240,000 livres. Cette somme provenait de cent actions à cent louis chacune qu'on avait émises dans les cercles les plus brillants de Paris, et qui avaient été enle-

vées en quelques heures, grâce à la confiance que la prétendue science de Mesmer inspirait. Chaque porteur d'action
devait obtenir en échange de ses espèces
le fameux secret du maître que l'apostat
Deslon prétendait seul posséder. Ces
brillantes promesses ne furent pas tenues;
Bergasse et d'Esprémenil ouvrirent un
cours pour les souscripteurs, où ils ex-
pliquèrent le système et la doctrine médicale de Mesmer, mais ils déclarèrent
tout d'abord qu'ils n'avaient point le
secret du maître, que Deslon ne l'avait
pas plus qu'eux, et qu'au seul Mesmer
était réservé le droit et l'honneur de divulguer ce secret quand il le *jugerait à
propos*. Le thaumaturge ne le donna jamais
et les souscripteurs se contentèrent des
discours ténébreux de M. Bergasse et des
démonstrations furibondes de M. d'Esprémenil, dont l'éloquence dans la chaire

médicale comme sur les fleurs de lys de la grand'chambre portait l'empreinte d'une humeur frondeuse, âcre et passionnée.

L'absurde et burlesque querelle des gluckistes et des piccinistes hâta le dénoûment d'un procès pendant depuis plus de vingt années au Parlement, entre le comte d'Avaux et le marquis de Crémar. Cet épisode de la grande guerre musicale, qui signala les dernières années du dix-huitième siècle, est trop bizarre et se rattache trop étroitement aux affaires du Palais pour que je le passe sous silence.

Gluck voulut prendre congé des Parisiens par un chef-d'œuvre : *Iphigénie en Tauride* fut composée et parut sur la scène de l'Opéra en 1779. Le jour de la première représentation fut en quelque sorte une solennité nationale ; la vaste salle de l'Académie royale de musique pouvait à peine contenir les admirateurs fanatiques de l'auteur d'*Armide*. Les loges envahies par des personnages de la cour et par les femmes les plus qualifiées, les plus belles et les plus riches de l'époque, ruisselaient de perles, de pierreries, de fleurs, d'or et de parfums; le triomphe était assuré d'avance, et du paradis au parterre on se disposait à saluer l'œuvre de l'Orphée viennois par d'unanimes acclamations.

Cependant un petit nombre de zélés piccinistes s'était donné rendez-vous au parterre pour protester contre le succès d'*Iphigénie*.

Le premier acte est écouté d'un bout à l'autre avec une grande faveur; mais à la fin du second, des sifflets aigus se mêlent aux applaudissements de la foule; à ce signal d'une malveillance concertée, les bravos redoublent et les cris : *A la porte ! à la porte !* partent et se croisent de tous les coins de la salle. Les piccinistes, reconnus et désignés par les loges, sont assaillis au milieu du parterre, arrêtés et conduits aussitôt au corps-de-garde comme perturbateurs du repos public.

Arrivés au poste occupé par les gardes-françaises, les piccinistes réclamèrent leur mise en liberté immédiate.

— Nous voulons bien perdre notre argent, s'écrient-ils ; mais nous ne nous soucions nullement de passer au violon les instants que nous pouvons employer plus agréablement.

— Je suis désolé, messieurs, répondit l'officier des gardes-françaises, de ne pouvoir obtempérer à votre demande, mais j'ai des ordres pour ne vous laisser sortir qu'après la représentation. Si quelqu'un parmi vous peut se faire réclamer , je n'opposerai aucun obstacle à sa sortie.

Deux procureurs au Parlement , MM. Lionnet et Marteau, qui se trouvaient au nombre des prisonniers , dirent alors à l'officier :

— Monsieur , nous avons reconnu , mon confrère et moi, deux de nos clients dans les loges d'avant-scène , faites-nous le plaisir de les envoyer chercher.

— Très volontiers , messieurs, répartit l'officier ; leurs noms ?

— M. le comte d'Avaux et M. le marquis de Crémar.

— Cela suffit.

Un sergent fut sur-le-champ envoyé au théâtre, et MM. d'Avaux et de Crémar parurent quelques moments après.

Enthousiastes de Gluck jusqu'au fanatisme , les deux seigneurs furent saisis d'une sainte colère en apprenant la

cause de l'arrestation des deux procureurs.

— Comment, messieurs ! s'écrièrent-
ils, vous, piccinistes !

— Et pourquoi pas, messieurs, répliqua M. Marteau, les opinions musicales
ne sont-elles pas libres ?

— D'accord, mais chercher à les faire
prévaloir par des manifestations contraires au bon ordre et aux convenances !
Voilà ce qui est impardonnable de la part
d'hommes graves et sensés !

— Monsieur, nous avons usé d'un
droit, d'un droit acheté à la porte, en
protestant contre des applaudissements
qui ne nous paraissaient pas mérités.

— Et qui ne l'étaient pas en effet, interrompit brusquement un jeune homme
dont l'air sombre et les traits durs et
farouches décélaient le caractère violent.

— Taisez-vous, Tinville, dit Me Marteau ; nous saurons bien défendre sans
votre secours notre cause, qui est celle de
la justice et du bon droit.

— Je crois, Dieu me pardonne, Me Marteau, interrompit le marquis de Crémar,
que ce jeune fanfaron est votre premier
clerc. Vous mêlez-vous aussi d'être picciniste, mon ami ?

— Et pourquoi pas ? répartit fière-
ment le clerc en mettant son chapeau
sur sa tête. Dans une salle de spectacle,
où chacun entre pour son argent, le
clerc de procureur peut, aussi bien que
le duc et pair, formuler comme il lui
convient son opinion.

— Vous connaissez parfaitement votre
Boileau, reprit le marquis.

Un clerc, pour quinze sous, sans craindre le holà !
Peut aller, s'il lui plaît, attaquer Attila,
Et si le roi des Huns ne lui charme l'oreille,
Traiter de visigots tous les vers de Corneille.

— Monsieur le marquis, citation pour citation, répliqua impétueusement le clerc de M⁰ Marteau : M. de Voltaire adressait, il y a quelques années, ce quatrain à Grétry, qui, comme notre Piccini, n'avait pas trouvé grâce devant le parterre doré de Trianon :

> La cour a sifflé tes talents,
> La ville applaudit tes merveilles.
> Grétry, les oreilles des grands
> Sont souvent de grandes oreilles.

Monsieur le marquis, j'acquiers aujourd'hui la certitude que M. de Voltaire ne vous a point calomnié.

— Insolent ! s'écria le marquis en levant sa canne sur le jeune homme.

Les deux procureurs et M. le comte d'Avaux se jetèrent entre le marquis et le clerc, qui, l'œil en feu, la tête haute et le poing fermé, se préparait à repousser la force par la force.

— Laissez-le ! laissez-le ! criait-il aux médiateurs , je lui prouverai , quand il voudra , que l'épée d'un roturier et d'un clerc de procureur est aussi bien trempée que celle d'un noble.

— D'après ce qui vient de se passer, messieurs, dit le comte d'Avaux aux deux procureurs , je crois que notre présence ici ne peut vous être d'aucune utilité ; nous nous retirons. Si M. le lieutenant aux gardes-françaises veut , sous sa responsabilité personnelle, vous laisser partir, nous en serons charmés ; mais nous ne pouvons, vous en conviendrez, garantir la tranquillité de gens qui emploient l'insulte et la grossièreté pour obtenir un service.

Le comte d'Avaux et le marquis de Crémar se retirèrent en effet, laissant nos deux honnêtes procureurs très mortifiés de la scène qui venait d'avoir lieu.

Tandis qu'ils chapitraient assez inuti-
lement leur fougueux compagnon , le
marquis de Crémar accostait au foyer le
comte d'Avaux, et lui tenait ce discours :

— Mon cher comte , Molière a dit :
« La colère d'un médecin est plus à
craindre qu'on ne pense. » (M. de Crémar était un citateur forcéné.) Or, celle
d'un procureur n'est pas moins dangereuse ; car si l'un tient dans ses mains le
fil de notre existence, l'autre a en sa possession les titres de notre fortune et de
nos biens. Nous plaidons l'un contre
l'autre depuis vingt ans, et nous pouvons
plaider vingt ans encore , s'il plaît aux
deux procureurs de tirer vengeance de
leur abandon. Croyez-moi , mettons un
terme à des procès qui nous ruinent , vivons en bonne intelligence, et datons désormais notre amitié de la première représentation d'*Iphigénie en Tauride*.

Le comte d'Avaux saisit avec empressement l'offre pacifique de M. de Crémar et lui tendant la main :

— Marquis, lui dit-il, je suis aussi disposé que vous à la paix. Choisissez un arbitre ; sa décision sera pour moi un arrêt sans appel.

M. de Crémar pria M. de Malesherbes de vouloir bien juger en dernier ressort les points en litige. L'intègre et vertueux magistrat s'acquitta de cette tâche difficile à la satisfaction des parties, et un procès de vingt ans fut terminé en quelques heures, au grand regret sans doute des pauvres procureurs, qui se voyaient par là frustrés des bénéfices énormes que produisaient autrefois, comme aujourd'hui, les longues procédures. Mᵉ Marteau, de qui je tiens cette aventure, me disait depuis, en déplorant le goût qu'il avait eu si mal à propos pour la musique

de Piccini : — *Ne sutor ultrà crepidam.*
Adage plein de sens, qu'on devrait répéter sans cesse à bien des gens.

Le maître clerc picciniste Tinville
acheta, quelques mois après, une charge
de procureur au Parlement ; treize ans
plus tard, ce procureur, accusateur public près le tribunal révolutionnaire,
sous le nom de Fouquier-Tinville, faisait
condamner à mort le marquis de Crémar
et envoyait à l'échafaud le sage Malesherbes.

Le comte de Cagliostro vint à Paris en
1785. Le bon Cazotte, toujours à l'affût
des choses et des hommes extraordinaires
m'invita à l'accompagner chez le comte,
dont il avait déjà obtenu plusieurs audiences. J'avais connu le comte de Saint-
Germain, je m'étais souvent rencontré
avec Mesmer ; j'étais assez porté, je l'a-
voue, à visiter ce nouveau coryphée des

belles ruelles de Paris; mais ma curiosité devait céder à la dignité de ma profession.

— Je suis peut-être assez fou, dis-je à M. Cazotte, pour désirer voir le comte de Cagliostro, mais il ne me convient pas d'aller chez lui sans une invitation expresse. Votre qualité d'écrivain et de philosophe, mon cher ami, vous fait sauter à pieds joints sur les lois de l'étiquette; mais je dois les respecter, il y va de l'honneur de la toge.

— Je comprends parfaitement vos raisons, répondit Cazotte, mais qu'à cela ne tienne, le comte saura satisfaire à vos justes exigences; il est fier et orgueilleux avec les grands, mais il est affable et poli avec les hommes qui ont des droits véritables à la considération et au respect publics.

Dès le lendemain matin, un laquais,

couvert d'une riche livrée, me remettait
la lettre suivante :

» Je serais allé vous présenter mes
compliments, monsieur, si je n'étais re-
tenu chez moi par une indisposition fort
grave, qui prend sa source dans les ennuis et dans les inquiétudes qui m'assiè-
gent. Je n'invoquerai pas en vain, j'en
suis persuadé, vos lumières et votre talent. Je suis étranger; je suis persécuté; voilà des titres suffisants, ce me
semble pour obtenir vos sympathies et
votre appui.

» Je serai à votre disposition ce soir,
de sept à dix heures.

» Votre très humble serviteur,

» Le comte de GAGLIOSTRO »

Je répondis au comte que je me ren-
drais chez lui selon son désir; en effet,
je m'acheminai le soir même vers sa
demeure.

Le comte de Cagliostro habitait la maison qui faisait le coin de la rue Saint-Claude (au Marais) et du boulevard (1). Cette maison, qui n'a point changé d'aspect depuis cinquante ans, était alors l'une des plus belles et des plus élégantes de ce quartier; le comte en occupait le deuxième étage.

Je sonnai; un domestique parut et m'introduisit dans un salon assez vaste, dont l'ameublement était noir et rouge ; quatre bougies brûlaient sur la cheminée, et les jets de lumière qui se réflétaient capricieusément sur les meubles et sur les longs rideaux des fenêtres, qui ressemblaient à des draps mortuaires, donnaient à cet appartement une physiono-

______

(1) La maison de la rue Saint-Claude a abrité plus d'un homme célèbre. Barras, à son arrivée à Paris, y logea, et, il y a quelques années, l'un de nos plus habiles statuaires, M. Flatters , y occupait l'appartement même de Cagliostro.

mie infernale. Dans un grand cadre noir placé en face de la cheminée, on lisait en lettres d'or ces deux paragraphes de la prière universelle de Pope :

« Père de l'univers, toi que tous les peuples adorent sous les grands noms de Jéhova, de Jupiter et de Seigneur ! Suprême et première cause qui caches ton adorable essence à mes yeux et ne me fais connaître que mon ignorance et ta bonté, donne-moi, dans cet état d'aveuglement de discerner le bien du mal et de laisser à la liberté humaine ses droits, sans porter atteinte à tes saints décrets. Enseigne-moi à craindre, plus que l'enfer, ce que la conscience me défend, et à préférer au ciel même ce qu'elle m'ordonne.

» Père de l'univers, auquel l'espace entier sert de temple, et dont la terre, la mer et les cieux sont l'autel, écoute le concert de louanges que tous les êtres entonnent à ton honneur, et que l'encens de leurs prières parviennent jusqu'à toi. »

Une console, placée entre deux fenêtres, supportait un buste d'Hyppocrate ; au-dessus de ce buste était appendu à la muraille un portrait de femme d'une excellente beauté. J'étais à contempler ce tableau, qui me paraissait appartenir à l'École flamande, lorsque le comte de Cagliostro parut appuyé sur le bras d'un vieux serviteur.

— Je vous demande pardon, monsieur, me dit-il, avec un léger accent italien, si je vous ai fait attendre ; mais j'étais assoupi, et mon vieux Nestor, ajouta-t-il, en frappant l'épaule de son domestique, hésitait à me réveiller. Je chasserai cet homme-là, il me gâte et me dorlotte comme un enfant.

Deux laquais nous approchèrent des fauteuils près de la cheminée, et nous nous assîmes.

Le comte de Cagliostro était d'une taille moyenne ; sa figure, d'un blanc mat, était d'un grand air et d'une grande distinction ; ses yeux noirs, sa bouche légèrement arquée aux extrémités, ses lèvres minces et rouges, son nez presque aquilin, indiquaient une âme orgueilleuse et un esprit satirique. Le comte de Cagliostro paraissait avoir quarante ans, mais il en avait réellement davantage ; le luxe et la somptuosité de ses habits, le soin extrême qu'il prenait de sa personne, devaient nécessairement le rajeunir.

J'étais venu chez le comte avec bien des préventions contre lui. Il ne parvint pas, par l'artifice de son langage, par sa feinte franchise, par ses fallacieuses métaphores, à les détruire entièrement, mais il en affaiblit quelques-unes. S'il m'était permis de révéler le long entretien que nous eûmes ensemble ce soir-là, on serait étonné de la sagacité merveilleuse, de la portée d'esprit et de la profondeur de vues de cet homme, qui a été trop loué par les uns et trop déchiré par les autres.

En le quittant à plus de minuit (car la funeste affaire du collier, où il était impliqué, nous avait mené très loin en avant et en arrière de l'époque où nous étions), le comte me prit la main et me dit d'une voix émue :

— Je vous remercie de vos conseils, de vos excellents avis. M. Cazotte ne m'avait pas trompé, vous êtes un consolateur.... Quand vous reverrai-je ?

— Dans trois jours, lui dis-je.

— Dans trois jours, reprit-il, vous

viendrez donc me voir à la Bastille, car j'y serai.

— Qui vous l'a dit ?

— Mes pressentiments, qui ne me trompent jamais.

Je me mis à sourire malgré moi.

— Vous riez, reprit-il, soit. Je veux bien croire que cette fois mon oracle se sera trouvé en défaut. A trois jours pourtant, ici ou à la Bastille.

Trois jours après, le comte de Cagliostro était enfermé à la Bastille.

Mais je reviendrai bientôt à ce personnage mystérieux, et à l'affaire du Collier, où le confident du cardinal de Rohan a joué un rôle si important.

Il y avait autrefois dans notre Ordre une espèce ou plutôt une véritable solidarité qui s'étendait à tout.

En 1784, un jeune avocat, de la plus belle espérance, meurt et laisse une veuve et deux enfants sans fortune. Au bout d'une année, le bruit se répand au Palais que Mme N..., la veuve de notre confrère, va se remarier à un sieur H..., employé supérieur dans les fermes générales. Cet homme était riche, mais il avait une réputation pitoyable. Sa probité avait été plus d'une fois mise en doute, et il ne s'était avancé dans les fermes qu'à force de bassesses et de platitude.

On le savait, et on déplorait le fatal aveuglement de la jeune veuve qui allait changer un noble nom contre un nom taré.

— Il faut empêcher ce mariage par respect pour la mémoire de notre confrère, dit M. de Saint-Irieix, jeune avocat fort spirituel et très connu au Palais par l'originalité de ses manières.

— C'est impossible, lui répondit-on.

— Impossible? vous verrez si je ne par-

viens pas à le rompre. Soyez tranquille,
j'en fais mon affaire.

Saint-Irieix se présente chez la jeune
veuve. Après un court préambule :

— Est-il vrai, madame, que vous allez
vous marier ?

— Oui, monsieur.

— A un sieur H...?

— Oui, monsieur.

— Avez-vous de l'inclination pour cet
homme? Tranchons le mot, l'amour en-
tre-t-il pour quelque chose dans cette
union ?

— Votre question, monsieur, est au
moins extraordinaire.

— Pardon, madame, je sais tout ce
qu'elle a de bizarre et d'insolite, mais enfin
elle est nécessaire.

— Eh bien... monsieur... c'est un mariage de convenace : j'ai deux enfants,
mon époux, votre confrère, m'a laissé

sans aucune fortune ; je dois... me sacrifier pour mes enfants. J'honore encore la
mémoire de mon mari en agissant ainsi.

— Voilà tout ce que je voulais savoir,
madame... Eh bien ! madame, vous n'é-
pouserez pas ce H..., c'est un misérable
qui n'aurait que de l'argent à vous offrir
et de la honte. J'ai un parti plus avanta-
geux, je le pense, à vous proposer. C'est
un jeune homme, un jeune avocat de peu
de talent, peut-être, mais de beaucoup
de cœur, qui possède légitimement, ho-
norablement, six mille livres de rentes,
et qui s'estimera le plus heureux des
hommes si vous daignez accepter sa main,
sa fortune et son nom. Est-il besoin d'a-
jouter, madame, que cet homme, cet
avocat, c'est moi..., moi, qui tombe à
vos genoux pour vous supplier de faire
mon bonheur, et de ne pas refuser le
vôtre !...

Ce laconisme , dans les moyens et dans le langage, obtint un plein succès. Mme N... rompit avec le sous-fermier et épousa M. de Saint-Irieix.

— Je savais bien , disait le jeune avocat, que les balances de Thémis ne tomberaient jamais en quenouille.

VI.

Deuil domestique. — Affaire du Collier. — Mot piquant du prince Louis sur Marie-Thérèse.— M. de la Motte. — Arrestation du cardinal de Rohan. — La Bastille.

L'année 1786 s'ouvrit pour moi par deux événements déplorables. En quelques jours, la mort moissonna mon père et le savant Loiseau de Mauléon, mon cher et respectable maître. Héritier des antiques vertus gauloises, mon père s'était acquis, par un demi-siècle d'honneur et de probité, l'estime et la considération de ses concitoyens. Son cercueil, arrosé des larmes de ses enfants, fut entouré de regrets unanimes, et les saintes bénédictions des pauvres qu'il avait secourus se mêlèrent aux prières de l'Eglise. Ah! combien il est doux pour le cœur d'un fils, en ce moment de séparation suprême, d'entendre des sanglots répondre à ses sanglots, des pleurs répondre à ses pleurs; de voir sur les pâles physionomies des assistants le reflet de sa propre douleur! Le son funèbre et déchirant de cette terre qui tombe lourdement sur ce cercueil où dort pour l'éternité son premier, son plus tendre ami, son père, semble se perdre alors dans l'affliction commune, et signaler l'entrée de celui qui n'est plus dans une vie de récompense immortelle.

La mort de M. Loiseau de Mauléon affecta profondément le barreau , qui le comptait au nombre de ses membres les plus dignes et les plus éclairés. Je donnai des larmes sincères à cet homme de bien qui fut pour moi un guide sûr, un ami indulgent, un maître attentif et soigneux. Ses conseils , pleins de sagesse et d'expérience , étaient recherchés par tous les jeunes avocats , et tous y puisaient abondamment cet amour sacré de la justice et de l'humanité qui fait les grands orateurs et les grands magistrats. M. Loiseau de Mauléon , dont la haute portée d'esprit discernait dans un prochain avenir l'influence que pouvait avoir la parole dans les affaires publiques , ne se lassait point de nous répéter cet excellent avis que le chancelier d'Aguesseau adressait à son fils :

« Après ceux qui ont été éloquents , pour ainsi dire par état et par profession, les historiens latins peuvent fournir des modèles aussi parfaits dans l'art de bien parler, et peut-être plus approchants de notre génie et de notre goût que Cicéron même. »

Les harangues de Salluste, de Tite-Live, de Tacite, sont des chefs-d'œuvre de sens, d'éloquence, de choses plutôt que de mots, qui persuadent sans art oratoire, ou du moins sans en employer d'autre que celui dont le principal mérite est de savoir se cacher.

« Etudiez donc avec ardeur, mes jeunes confrères, ajoutait M. de Mauléon, étudiez sans relâche l'histoire, et pénétrez-vous des belles formes de style des historiens grecs, latins et français. Le temps n'est pas éloigné où l'on demandera à un orateur plus que de l'entraînement, plus que de l'éclat, plus que des périodes artistement arrondies ; on lui demandera une éloquence mâle, nerveuse et majestueusement appropriée aux divers sujets qu'il aura à traiter. »

En parlant ainsi, M. Loiseau ne présentait-il pas que la tribune du Forum allait jaillir du sol de notre patrie, et qu'aux avocats français était réservée la gloire de fonder l'éloquence parlementaire, et de rattacher ainsi la liberté française à la liberté d'Athènes et de Rome défendue par Démosthènes et par Cicéron ?

Un procès scandaleux dans son principe et dans ses conséquences ; une lutte judiciaire, également funeste à la dignité du trône et à la dignité du sacerdoce, suspendit comme par enchantement les préoccupations publiques et particulières, et concentra sur la Grand'Chambre du Parlement de Paris les regards de la France et de l'Europe. On voit que je

veux parler de la triste affaire du Collier.

Je me serais abstenu de consacrer dans
mes souvenirs quelques lignes à cette
inextricable procédure, si je n'avais point
été appelé, par la nature de mes relations
et surtout par ma profession, à jouer un
rôle (fort secondaire à la vérité) dans ce
procès fameux, qui a été et qui sera longtemps encore une énigme pour les anna-
listes et pour les historiens. Je sais peut-
être le mot de cette énigme ; mais de
graves considératious, de hautes convenances, enchaîneront la sincérité de ma
plume, et je me bornerai à retracer les
scènes les plus saillantes de ce drame malheureux, dont L'Albane aurait pu être le
peintre et Beaumarchais l'historien.

Quelques détails préliminaires sur le
héros de ce procès me paraissent indis-
pensables.

Le 6 janvier 1772, une ambassade splendide faisait son entrée solennelle dans les murs de Vienne (1). Cette ambassade, envoyée par Louis XV à l'impératrice Marie-Thérèse et à Joseph II, son fils et son co-gouvernant, avait pour but appa-

(1) Un favori du prince Louis nous a transmis les détails suivants : « Les deux voitures de parade avaient coûté quarante mille livres ; la richesse y était prodiguée par la main du goût : une écurie de cinquante chevaux, un premier écuyer, brigadier des armées du roi, un sous-écuyer et deux piqueurs ; sept pages, tirés de la noblesse de Bretagne et d'Alsace, richement habillés, avec un gouverneur et un précepteur ; deux gentilshommes pour les honneurs de la chambre, dont le premier était bailli de Malte, et l'autre capitaine de cavalerie ; six valets de chambre, un maître d'hôtel, un chef d'office avec des uniformes écarlates à larges galons d'or, deux heiduques, quatre coureurs, dont chacun des habits, chamarrés de broderies d'or et d'argent à paillettes, avait coûté quatre mille livres ; douze valets de pied, deux suisses, l'un pour les appartements, l'autre pour la porte, dont les habits de grandes livrées étaient faits pour attirer les regards ; six musiciens habillés d'écarlate avec des galons d'or à la boutonnière ; un intendant de maison, un trésorier, quatre gentilshommes d'ambassade, nommés et brevetés par la cour, outre le secrétaire d'ambassade et quatre sous-secrétaires.

rent de resserrer les liens qui unissaient la France à l'Autriche depuis le mariage du dauphin avec une archi-duchesse, et pour but secret de surveiller la politique de Marie-Thérèse dans l'éventualité d'une dislocation du royaume de Pologne.

Le duc d'Aiguillon, ministre des affaires étrangères, avait fait nommer au poste d'ambassadeur près la cour de Vienne, le prince Louis de Rohan, coadjuteur de Strasbourg.

Ce prince, dont la haute naissance était rehaussée encore par les grâces de la physionomie et du langage, paraissait l'homme de la cour le plus apte à remplir dignement ces fonctions éminentes. Mais magnifique jusqu'à la prodigalité (2),

(1) Le prince Louis, devenu cardinal de Rohan, était tellement prodigue, qu'ayant le plus riche évêché de la chrétienté, d'un revenu, dit-on, de six cent mille livres de rentes, et en outre plusieurs abbayes fort riches, il contractait néanmoins encore des dettes. Son

amoureux du plaisir jusqu'à la folie, imprudent jusqu'à la témérité, le nouvel ambassadeur ne tarda pas à reconnaître que ses mœurs légères, sa fastueuse élégance, ne cadreraient pas longtemps avec l'austère étiquette imposée à la cour de Vienne par Marie-Thérèse et le prince de Kaunitz, son principal ministre.

Je n'entreprendrai pas de dérouler ici la conduite diplomatique du prince Louis; je me bornerai à dire que, doué d'un très grand bon sens, et d'une sagacité rare, il sut, bien qu'occupé de toute autre chose que des intérêts du pays et du prince

abbaye de Saint-Waast était d'un si grand rapport, que, si l'on en croit M. de Levis, les moines lui offrirent mille louis par mois pour sa part, comme abbé, et qu'il refusa cette somme, prétendant qu'elle était inférieure à celle qu'il avait droit de percevoir. Du reste, la prodigalité semblait être héréditaire dans cette famille, et ses parents, qui avaient également de très grands biens, n'en avaient pas moins de très grosses dettes, puisque l'un d'eux (le prince de Guemenée) a donné le scandale d'une banqueroute énorme.

qu'il représentait , démêler les véritables
intentions de Marie-Thérèse et de son
ministre qui, rompus depuis longtemps
à un machiavélisme infernal, agissaient
dans l'ombre contrairement aux assuran-
ces solennelles qu'ils donnaient à la France
pour le salut et l'indépendance du royaume
de Pologne.

Cette perspicacité coûta cher au prince
Louis et devint la source des persécutions
dont il fut l'objet, ou plutôt encore des
embûches dans lesquelles il tomba.

Dans une lettre séparée de la dépêche
officielle et écrite de sa propre main au
duc d'Aiguillon, l'ambassadeur s'exprimait ainsi :

« ..... J'ai effectivement vu pleurer
Marie-Thérèse sur les malheurs de la
Pologne opprimée ; mais cette princesse ,
exercée dans l'art de ne se point laisser
pénétrer, me paraît avoir les larmes à

commandement ; d'une main elle a le mouchoir pour essuyer ses pleurs, et de l'autre elle saisit le glaive de la négociation pour être la troisième puissance co-partageante. »

Cette lettre très secrète, et qui ne devait être communiquée qu'au roi seul, fut confiée très-imprudemment à la comtesse Dubarry par le duc d'Aiguillon. La favorite fit trophée de cette lettre dans un de ses soupers, et la dauphine en fut instruite par un charitable courtisan, ennemi des Rohan. Marie-Antoinette, justement indignée de voir un ambassadeur entretenir une correspondance injurieuse à son pays et à sa mère avec une courtisane (car Mme Dubarry avait laissé croire que cette lettre lui avait été personnellement adressée), jura de s'en venger, et tint parole.

Les événements se succédèrent ; le

prince Louis devint grand-aumônier, cardinal, proviseur de Sorbonne ; mais son
ambition grandit avec les honneurs dont
il était revêtu ; la pourpre romaine, le
cordon bleu, la jouissance des revenus de
trois riches abbayes, tout cela n'était
rien ; il fallait à cet homme l'héritage de
Richelieu et de Mazarin. Oui, le cardinal
de Rohan voulait être premier ministre.
Mais que d'obstacles pour parvenir à ce
but si ardemment désiré! La reine de
France n'a point pardonné l'injure faite à
la dauphine, et Marie-Antoinette est là,
toujours là, entre lui et la faveur du roi.

Il existait entre les mains d'un bijou-
tier de la reine un superbe collier de dia-
mants du prix de dix-huit cent mille livres.
Une dame de La Motte, maîtresse et confidente du cardinal de Rohan, savait que
la reine, à qui il avait beaucoup plu, n'a-
vait cependant pas voulu, dans les cir-

constances où la plus stricte économie
était un devoir, proposer au roi de le lui
acheter. Mme de La Motte avait eu occasion de voir ce fameux collier ; et le joaillier Boehmer, qui en était propriétaire,
ne lui avait pas dissimulé qu'un pareil
bijou, devenant un effet mort dans le
commerce, il en était embarrassé ; qu'il
avait espéré, en faisant cette acquisition,
le faire acheter par la reine, mais que sa
majesté s'y était refusée ; il ajouta qu'il
ferait un riche cadeau à la personne qui
lui en procurerait le placement.

Le cardinal apprit tous ces détails par
Mme de La Motte. Dans sa fièvre d'ambition, il crut que la fortune faisait un miracle en sa faveur, et qu'elle lui offrait le
moyen de conquérir les bonnes grâces de
sa souveraine.

— Voyez la reine, madame, dit-il à sa
confidente ; voyez-la et assurez-la que je

m'estimerai trop heureux de pouvoir la servir.

Mme de La Motte alla à Versailles, et, à son retour, parvint à persuader au cardinal que la reine désirait ardemment ce collier ; que, voulant l'acheter à l'insu du roi et le payer successivement avec ses économies, elle désirait donner au grand aumônier une marque particulière de sa bienveillance en le chargeant de faire cette emplette en son nom ; qu'à cet effet , il recevrait pour cette acquisition une autorisation écrite et signée de sa main, dont il ne se dessaisirait qu'après avoir été payé ; qu'il s'arrangerait avec le joaillier pour en acquitter le montant en plusieurs termes, de trois mois en trois mois, à dater du premier paiement, qui ne devait avoir lieu que le 30 juillet 1785 ; que, dans la transaction , il était essentiel de ne pas faire mention du nom de la reine ; que

ce traité devait être au seul nom du cardinal ; que la secrète autorisation, signée
Marie-Antoinette de France était une caution suffisante, et qu'en cela la reine donnait à Son Eminence une preuve signalée
de sa confiance.

Le cardinal souscrivit aveuglément à
toutes ces propositions ; le collier fut
acheté et livré à Mme de La Motte, et les
billets signés.

Je ne m'embarquerai point dans le récit
des milliers d'incidents dont ce procès
fourmille ; je me contenterai d'en signaler
quelques-uns lorsque je parlerai de l'apparition d'un prince de l'Eglise, d'un
grand aumônier de France, d'un ambassadeur devant la Grand'Chambre du Parlement de Paris.

Les poursuites dirigées par les joailliers
Boehmer et Bossange contre le cardinal
pour les billets qu'ils en avaient reçus et

qui ne furent point payés, furent le dénouement de cette intrigue si confuse, si
embrouillée, si obscure, et surtout si af-
freusement incompréhensible, qu'un conseiller au Parlement, qui s'était abstenu
de voter pour la condamnation ou l'absolution du cardinal, me disait ingénû-
ment :

« Je n'ai pas donné mon opinion parce
que je suis encore à comprendre cette
misérable affaire, malgré la faconde de
nos rapporteurs et l'éloquence des avocats. Je vais plus loin, et je crois que tous
les conseillers auraient suivi mon exemple, si le premier président ne leur avait
pas fait sentir qu'il fallait absolument se
prononcer pour l'honneur de la justice. »

Ce propos paraîtra peut-être une plaisanterie, mais les avocats qui voudront
vérifier les enquêtes de ce procès célèbre
(et qui toutes se contredisent ou se dé-

truisent) comprendront qu'il cache un sens profond.

Le jour de l'Assomption, où le cardinal-grand-aumônier devait accompagner le roi à la chapelle avec tous les insignes de ses dignités ecclésiastiques, le matin, à dix heures, une heure avant que Sa Majesté se rendît en cortége au service divin, le cardinal fut appelé par l'huissier de la chambre dans le cabinet du roi.

Le monarque était entouré de la reine, du baron de Breteuil, du garde-des-sceaux Miromesnil et du comte de Vergennes, ministre des affaires étrangères.

Le cardinal se présenta avec l'attitude du respect et de la confiance.

Le roi prit un mémoire que le joaillier Boehmer avait publié, et le tendant au cardinal, lui dit :

— Lisez.

La lecture faite, le roi lui demanda ce

qu'il avait à opposer aux graves inculpa-
tions consignées dans le mémoire.

— Sire, répondit le cardinal, les faits
du mémoire sont vrais, mais les expressions de la déclaration de Saint-James ne
sont pas exactes. (Saint-James était un
financier qui avait prêté une somme considérable au prince pour l'achat du collier.) J'ai fait l'acquisition du collier pour
la reine.

— Et qui vous en a chargé? interrompit cette princesse.

— Vous, madame.

— Moi! qui ne vous ai point parlé depuis votre retour de Vienne; moi! qui af-
fiche en toute occasion pour vous le froid
le plus glacial et l'éloignement le mieux
caractérisé? moi qui n'ai jamais voulu
vous accorder les audiences que vous
m'avez demandées avec une espèce d'opi-
niâtreté?

— Votre Majesté, reprit le cardinal, m'y a autorisé par un écrit signé de sa main.

— Où est cet écrit? dit le roi.

— Sire, je l'ai à Paris dans mon portefeuille.

— Cet écrit, s'écria la reine en proie à une colère excessive, cet écrit est une imposture.

A ce mot, le cardinal, qui croyait posséder réellement des lettres de la reine, jeta sur Marie-Antoinette un regard peut-être trop peu respectueux. La reine, qui le remarqua, s'emporta en paroles violentes contre le cardinal, et Louis XVI, pour mettre un terme à ce déplorable conflit entre un sujet et sa souveraine, dit au cardinal :

— Sortez.

A peine le grand aumônier fut-il hors du cabinet, que Marie-Antoinette, mêlant des larmes à sa colère , demanda à grands cris justice. Son air, ses expressions imposèrent silence au garde-des-sceaux et à M. de Vergennes , qui restèrent muets.

Louis XVI enfin , après quelques moments d'hésitation, ordonna au baron de Breteuil et au duc de Villeroy, son capitaine des gardes , d'arrêter le cardinal de Rohan.

Trois minutes après , cet ordre était exécuté dans la galerie de Versailles , au milieu des courtisans stupéfaits.

A minuit, le même jour, le prince cardinal de Rohan entrait à la Bastille, et la scandaleuse procédure du Collier allait commencer, au grand contentement de ceux qui voulaient avilir la couronne avant de la briser dans le sang.

VII.

Suite de l'Affaire du Collier. — Mon entrevue à la
Bastille avec le comte de Gagliostro. — La chambre
de Voltaire. — Le portefeuille vert.

Le cardinal de Rohan fut enfermé à la
Bastille. Mme de la Motte, le comte de
Cagliostro et un certain baron de Planta, ?
fort avant dans les bonnes grâces du cardinal, subirent le même sort. Louis XVI,
pour éclaircir ce ténébreux mystère,

nomma une commission composée de trois ministres secrétaires d'état, auxquels on adjoignit M. de Crosne, lieutenant de police de Paris ; c'étaient le maréchal de Castries, ministre de la marine ; le comte de Vergennes, ministre des affaires étrangères , et le baron de Breteuil, ministre de la cour et de Paris. Cette commission procéda , en présence du cardinal , à la levée des scellés de son palais de Paris et de sa maison de Versailles , et à la visite de ses papiers. Comme le prince avait eu le temps, au moment même de son arrestation, de donner l'éveil à un jésuite fort diligent et fort adroit qui lui servait de grand-vicaire et de factotum , les recherches ne produisirent rien et furent complétement inutiles.

Les interrogatoires du cardinal , du comte de Cagliostro , de Mme de la Motte et du baron de Planta ne conduisirent à

aucun résultat satisfaisant. Les dépositions de ces trois derniers personnages
étaient contradictoires, et les aveux du
cardinal étaient formulés d'une façon si
abstraite et si ambiguë, que le baron de
Breteuil, chargé par ses collègues d'ins-
truire le roi de la marche des interrogatoires, dit à Louis XVI, de ce ton brus-
que et décidé qui lui était naturel, même
dans ses rapports journaliers avec le monarque :

« Le diable lui-même a ourdi la trame
de cette affaire; plus nous interrogeons,
plus notre esprit devient perplexe. Le
cardinal de Rohan est un pauvre homme, mais ses complices ont si bien tra-
vaillé son esprit, qu'il est devenu, même
à ses propres yeux, une espèce de personnage sérieux. Que Votre Majesté daigne me pardonner ma comparaison, mais
la robe rouge de M. de Strasbourg cache

en ce moment l'astuce de Mazarin et la présomptueuse vanité du marquis de Moncade. »

Renonçant à l'espoir de démêler la vérité dans ce chaos d'intrigues, d'incidents, de fables même plus ou moins absurdes, plus ou moins merveilleuses, Louis XVI fit dire au cardinal, par le maréchal de Castries, qu'il lui donnait l'option, ou de s'en rapporter à sa clémence, ou d'être traduit au Parlement de Paris pour s'y défendre contre l'accusation qui serait intentée contre lui. Le roi accordait trois jours au prince pour consulter sa famille et les avocats auxquels il avait donné sa confiance.

Le cardinal avait choisi pour conseils MM. Target et de Bonnières : il leur fit part, dans l'entretien préparatoire qu'il eut avec eux, de la proposition du monarque.

Les deux avocats ne dissimulèrent pas
au cardinal les dangers qu'il courait dans
les deux voies qui lui étaient offertes, et
lui montrèrent l'abîme creusé sous ses
pas dans toute sa vérité et dans toute son
horreur. M. de Bonnières termina ses
observations sagaces et lumineuses par
ces propres paroles :

— Nous venons de mettre sous vos
yeux les grands inconvénients qui se ren-
contrent dans les deux parties de l'alternative proposée, c'est à votre conscience
et à votre courage à décider. Si l'on peut
trouver les moyens de faire éclater votre
innocence, le Parlement est préférable,
même en subissant les longueurs et les
humiliations de la procédure criminelle ;
si les mesures sont prises par vos ennemis pour vous mettre hors d'état de faire
votre apologie, de deux maux il faut
choisir le moindre ; il vaut mieux dans

ce cas s'en rapporter à la clémence du roi. Quelle que soit votre résolution, nous sommes à vos ordres.

Le cardinal réfléchit pendant quelques moments, la tête entre ses mains, et s'é- cria :

— Eh bien ! messieurs, mon choix est fait…. j'irai au Parlement.

Dans une seconde conférence, qui eut lieu en présence de ses nombreux parents, le cardinal déclara de nouveau sa résolution de courir les chances d'un procès criminel. En vain MM. Tronchet et Callet, que la sollicitude du prince de Soubise avait adjoints à MM. Target et de Bonnières, déployèrent-ils toute la force de leur logique pour prouver que la voie du Parlement était la plus périlleuse : le cardinal fut inébranlable. Les avocats n'eurent dès-lors plus rien à faire qu'à préparer les éléments de la défense.

A l'issue de cette conférence, le cardinal rédigea et écrivit lui-même sa réponse au roi. Comme cette pièce est à peu près inconnue, je crois devoir en donner la copie authentique ; la voici :

— Sire, je remercie très respectueusement Votre Majesté de l'alternative qu'elle a bien voulu me donner ; je n'hésite pas à préférer le Parlement, comme la vóie la plus sûre pour démasquer l'intrigue dont je suis la victime, et pour mettre au plus grand jour ma bonne foi et mon innocence. »

Le roi parut surpris de l'audacieuse détermination du cardinal ; mais trop généreux pour ôter à un accusé le droit de se défendre ; trop faible pour recourir à des moyens violents, que la gloire et la dignité de la couronne lui prescrivaient peut-être de prendre, il ramassa le gant qu'un sujet orgueilleux jetait à l'auto-

rité royale outragée dans la lice judiciaire.

Le procès du Collier, par le scandaleux retentissement qu'il obtint , fut le
premier coup porté à l'inviolabilité souveraine : les peuples apprirent , par ces
déplorables débats , à douter de la vertu
de leur reine , de la volonté de leur roi.
Vainement les magistrats habiles qui di-
rigeaient la marche lente et tortueuse de
cette infernale procédure s'efforcèrent-ils
d'éloigner le nom de la reine de la solennité des audiences ; malgré ces pudiques
et saintes précautions , le nom de Marie-
Antoinette venait jaillir du sein même
des plus arcanes aventures , des plus ténébreux mystères , pour bientôt devenir
le texte d'une foule de suppositions inju-
rieuses à la chasteté de la reine , à l'honneur de son royal époux. En voyant un
prince de l'Eglise , un évêque , un grand

seigneur assis sur le banc des accusés, et s'étayant des témoignages d'une prostituée (la d'Oliva), et des dénégations d'un intrigant illustre (Cagliostro), pour conjurer la foudre qui grondait sur sa tête ; les Parisiens, habitués à deviner ce qu'on leur cache , et à penser ce qu'on ne leur dit pas, s'écriaient avec ce personnage de la comédie de Beaumarchais :

« Mais qui donc veut-on tromper ici? »

L'impartiale histoire dira que Louis XVI, l'austère Louis XVI, par sa funeste condescendance aux désirs d'une reine imprudente et vindicative, a plus nui aux intérêts de la monarchie et à la considération de la couronne, que Louis XV, son aïeul, avec ses orgies, ses favorites et son Parc-aux-Cerfs.

Le roi attribua immédiatement aux Grand'Chambre et Tournelle assemblées de son Parlement de Paris , la connaissance de cette affaire, et il chargea son procureur-général de porter plainte en *son nom* contre le cardinal de Rohan et la comtesse de La Motte, et de les accuser comme auteurs et fauteurs de manœuvres criminelles, tendantes à compromettre l'honneur et la dignité de la reine, son épouse; de requérir l'information des faits détaillés dans la plainte, ainsi que de toutes ses circonstances et dépendances pour, après toutes les formalités remplies, leur procès être fait et parfait jusqu'à jugement définitif. Tel fut en somme le volumineux réquisitoire qui fut présenté au Parlement par le procureur-général Joly de Fleury.

M. le premier président d'Aligre nomma pour rapporteurs MM. Titon de Villatran et Dupuy de Marée. M. Lefebvre d'Amécourt, magistrat aussi remarquable par la beauté de sa physionomie que

par ses richesses et les formes exquises
de son langage , refusa les fonctions de
rapporteur , parce qu'il était lié depuis
longtemps avec le prince de Soubise ,
cousin du cardinal de Rohan. Le procès
commença.

Je reviens au comte de Cagliostro, que
j'ai abandonné un instant pour donner à
mes lecteurs quelques idées préliminaires sur ce procès trop célèbre.

Le comte fut arrêté et conduit à la
Bastille, le 11 août 1785, si ma mémoire
ne me trompe pas. Le 12, un domestique
de M. de Launay, gouverneur de la forteresse , venait m'apporter une lettre de
M. de Cagliostro. Le comte me priait ins-
tamment de venir le visiter dans sa prison, et m'engageait à m'adresser au baron
de Breteuil , ministre de la Cour et de
Paris , pour obtenir le laissez-passer nécessaire. Je partis aussitôt pour Versail-

les, et une heure après mon arrivée dans cette ville, le ministre me signait la permission sollicitée. Le lendemain matin, j'étais auprès de mon client.

Le comte de Cagliostro était logé dans la tour de l'Intendance, dans la même chambre que Voltaire avait occupée en 1718. Cette chambre était meublée, sinon avec luxe, du moins avec élégance et propreté. Toutes les choses nécessaires aux habitudes et aux besoins d'un homme bien né, s'y trouvaient réunies. Et ici, je dois le dire en passant, la Bastille valait mieux que sa réputation ; en dépit des fables absurdes et des contes puérils qu'on a débités sur cette prison d'État, je soutiens que ceux qui y ont été enfermés (depuis Henri IV, je m'explique) n'avaient à se plaindre ni de la manière dont ils étaient logés, ni de la manière dont ils étaient traités. Les prisonniers

avaient , avec bonne table , la jouissance
d'une bibliothèque variée, des prome-
nades agréables. Les lettres de cachet
étaient cruelles, mais la Bastille ne l'était
pas : j'en prends à témoin Voltaire lui-
même, qui, dans une lettre à M. de Ge-
nouville , conseiller au Parlement , son
ami, donne des éloges (qui, dans sa bouche, ne pouvaient être suspects), à l'humanité , à la sollicitude touchante du
gouverneur et des officiers de la Bastille ,
qui adoucissaient, autant qu'il était en
leur pouvoir, le sort des captifs, et qui
rivalisaient d'égards et de bons procédés.
Voltaire a tonné contre les lettres de cachet , mais il n'a point calomnié la Bastille (1).

(1) On parlait un jour devant Voltaire, chez le marquis d'Argens , de deux hommes qui avaient fabriqué
de fausses lettres de cachet et qu'on allait juger au Parlement. « Et que fait-on, demanda Voltaire à un conseiller d'état qui se trouvait là , aux gens qui font de

J'ai vu de près cette fameuse prison, j'ai été à même, plus que tout autre, comme je le prouverai dans la suite de ces souvenirs, de connaître son régime intérieur, et j'avancerai que, lorsque incarcéré comme trois mille autres de mes concitoyens dans la maison d'arrêt de Saint-Lazare pendant la révolution, il m'est arrivé de regretter, au milieu des immondices, des cellules empestées, des cloaques infects de cette prison nationale, les tours noires et tristes, mais saines et chaudes du bonhomme Aubriot (1). En

fausses lettres de cachet ? — On les pend, répartit le conseiller d'état. — C'est bien fait, répliqua Voltaire, en attendant qu'on pende ceux qui en signent de vraies. » L'auteur de *Zaïre* avait toujours sur le cœur sa lettre de cachet de 1718, qui lui rapporta cependant une pension de douze cents livres, que le régent Philippe d'Orléans lui accorda pour le dédommager d'une captivité imméritée.

(1) Hugues Aubriot, prévôt des marchands sous Charles V, posa la première pierre de cette forteresse le 22 avril 1369. Cette forteresse dura plus de quatre

un mot, je préférai et je préfère encore les cachots du despotisme aux cabanons immondes de la liberté.

Sous un roi tel que Louis XVI, qui avait marqué chaque année de son règne par des actes de bienfaisance et d'humanité, il va sans dire que le régime de la Bastille était doux et supportable (1). Le comte de Cagliostro, outre son valet de

cents ans, et tomba trois fois entre les mains du peuple : sous Charles VI, pendant la minorité de Louis XIV, et en 1789, à la fin du règne de Louis XVI. Cette fois, le peuple ne se contenta pas de la prendre, il la démolit ; depuis, nous en avons eu la monnaie.

(1) Le lieutenant du roi de la Bastille, dit un domestique du cardinal, offrit son appartement ; on se contenta de mettre une sentinelle à la porte extérieure ; on permit au prisonnier d'avoir deux de ses valets de chambre à son choix ; il avait la liberté de voir tous les jours ses conseils et ses parents ; il pouvait se promener quand il le jugeait à propos dans le jardin du gouverneur. Sa table était servie avec magnificence, et le comte de Launay lui prodiguait toutes les attentions possibles ; les officiers de l'état-major n'étaient occupés qu'à imaginer ce qui pourrait concourir à diminuer les désagréments de sa captivité, « singulier prisonnier d'état. »

chambre, qui avait obtenu la permission de rester auprès de lui, avait à ses ordres deux laquais à la livrée du roi, et sa table, servie en vaisselle plate, était abondamment pourvue de mets succulents et des vins les plus généreux.

Le comte, en me voyant entrer dans sa chambre, vint à moi en souriant.

— Eh bien ! me dit-il, ne vous l'avais-je pas annoncé ! Trois jours se sont écoulés depuis notre entrevue, et me voici à la Bastille.

— Vous étiez bien informé, monsieur le comte, lui répondis-je, et les amis que vous avez à Versailles vous tiennent parfaitement au courant de ce qui doit arriver.

— Comment ! fit le comte, vous croyez que....

— Monsieur le comte, interrompis-je aussitôt, les relations que nous allons probablement avoir ensemble me font un devoir de vous expliquer mon caractère et mes sentiments. J'ai le malheur de ne point être crédule : les airs d'oracles, les réticences calculées, les mythes et les symboles semés avec plus ou moins d'art dans les discours les plus ordinaires, ne produisent rien sur moi. Je suis, je ne veux être auprès de vous qu'avocat, c'est assez vous dire qu'il ne faut chercher en moi ni un admirateur ni un adepte. Si, entraîné par la force de l'habitude et peut-être aussi par la nature de votre esprit, vous voulez parler du haut d'un trépied prophétique, je vous déclare que je renonce à l'honneur d'une confiance que je veux franche, entière, sans voiles, sans mysticisme et surtout sans partage.

Le comte me regarda pendant quelques instants avec une muette surprise.

Nos yeux se rencontrèrent et les miens ne se baissèrent pas devant la prunelle ardente de cet homme qui subjuguait des prélats et des princes.

— Je vous entends, me dit-il en m'invitant par un geste affectueux à m'asseoir (car je m'étais levé aux derniers mots de ma philippique), vous voulez lire à livre ouvert dans mon âme, vous voulez juger ma vie avant de plaider ma cause devant le Parlement ?

— A Dieu ne plaise, monsieur, répliquai-je ; ce que j'exige, ce que je veux, c'est la vérité, la vérité toute simple et toute nue sur les faits qui se rattachent directement et indirectement au procès où vous allez être impliqué. Je les demande et je les exige dans l'intérêt de votre défense, dont je ne pourrais en conscience me charger, si je n'étais absolument édifié sur la part que vous avez prise à ce ramas de manœuvres ténébreuses.

— Vous allez être satisfait, monsieur, reprit le comte en tirant de son secrétaire une liasse énorme de papiers ; je vais vous donner plus que vous ne demandez. Déjà à notre peemière entrevue je vous ai confessé beaucoup de choses, je vais compléter ces aveux en mettant sous vos yeux l'histoire des derniers événements de ma vie. Je ne vous cèlerai ni une démarche, ni un geste, ni une pensée !..... Mais je compte sur votre discrétion ; je veux bien me dépouiller devant vous du prestige qui a fait ma fortune et ma réputation ; mais pour tout au monde, pour ma vie même, je ne consentirais à révéler à d'autres les mystères de ma destinée.

— Monsieur le comte, trois sortes de personnes ont des oreilles pour entendre et n'ont point de langue pour répéter :

ce sont les médecins, les prêtres et les avocats. Je ne vous promets rien, je réponds seulement à vos craintes, si vous pouviez en avoir : Je suis avocat.

Le comte, à l'aide des notes qu'il avait devant lui, m'esquissa l'histoire de sa vie. C'était une existence bien bizarre, bien accidentée, souvent bien dramatique. Il en vint ensuite à son voyage en Suisse, à ses présentations au cardinal de Rohan, à son château de Saverne, enfin à l'affaire du Collier.

Mon client me donna sur l'achat du Collier, sur Mme de la Motte, sur le rôle que celle-ci avait joué, sur d'autres personnages encore, que le respect et de hautes convenances m'empêchent de nommer, des éclaircissements tels que je pâlis encore en me les rappelant.

— Comment, monsieur, dis-je à Cagliostro, dans un moment où la verte franchise de l'honnête homme l'emportait sur le flegme du jurisconsulte et du conseiller, comment avez-vous pu accepter un rôle dans cette infâme comédie? Mais il y a là-dedans autant de dupes que de trompeurs, ou plutôt, chose étrange, les uns et les autres ne font qu'un !

— Monsieur, me répondit-il froidement, je m'attendais à votre indignation; mais voici de quoi la calmer.

Et le comte ouvrit un portefeuille vert qu'il tira de son sein et me montra des documents d'une haute importance.

Ces papiers ne seront rendus publics, ajouta Cagliostro, et ne seront remis entre les mains de la justice que dans le cas où une condamnation capitale viendrait frapper M. le cardinal de Rohan. Si nous sortons à peu près vainqueurs de cette lutte, je vous prierai de les déchirer. En tout état de cause, emportez-les monsieur, je vous les confie.

Une sueur froide m'inonda le front ; je crus, en touchant le fatal portefeuille, que je faisais trébucher une couronne.

— Ces écrits deviendront inutiles, dis-je au comte ; la tête du cardinal ne tombera pas, et vous en serez quitte, vous, monsieur, pour quelques années d'exil.

— Vous croyez? fit le comte.

Puis s'appuyant sur mon bras, avec une majestueuse familiarité, il me dit d'une voix qui résonne encore à mon oreille, tant elle était grave et solennelle :

— Brûlez donc ce portefeuille le 21 janvier 1793!...

VIII.

Encore l'affaire du Collier. — Le Père Loth, minime.
— Villette. — Le capucin Macdermott. — La courtisane d'Oliva. — Arrêt. — Condamnation de Mme de
la Motte. — Ovation du cardinal de Rohan.

Le baron de Breteuil poursuivait avec
acharnement la perte du cardinal de Rohan. Dévoué de corps et d'âme à la reine
Marie-Antoinette, le ministre avait aussi
quelques représailles à exercer contre le
prince Louis, auquel il avait succédé

dans l'ambassade de Vienne. Mais si la haine du ministre était vive et ardente, si les sommités du Parlement poussaient à venger, par un châtiment exemplaire, la majesté royale outragée, la famille puissante du cardinal et ses partisans (et il en avait beaucoup, car il était magnifique et dissipateur) ne ménageaient ni argent, ni séductions, ni promesses pour assurer le triomphe du prélat devant ses juges et devant l'opinion publique. Le comte de Vergennes, ministre des affaires étrangères, homme faible et pusillanime, les servit de tout son pouvoir, et sans choquer ouvertement la reine, s'arrangea pourtant de façon à neutraliser l'irascibilité de cette princesse et les mauvais vouloirs du baron de Breteuil à l'égard du cardinal.

Les amis de M. de Rohan obtinrent des joailliers Bœhmer et Bossange, et du

trésorier Saint-James, des correctifs à
leurs premières dépositions. Un abbé,
Juncker, présenta aux avocats du cardinal un certain père Loth, procureur des
Minimes de la place Royale, qui, ayant
vécu longtemps dans la plus étroite intimité avec Mme de la Motte, divulgua des
faits vrais ou faux sur l'achat du Collier,
sur les manœuvres de Mme de la Motte
pour se l'approprier en totalité ou en
partie, enfin, sur les lettres attribuées à
la reine, que la comtesse remettait au
cardinal. De telles déclarations, com-
mentées et présentées sous le jour le
plus favorable par des avocats tels que
Mrs Target, Bonnières, Tronchet et Collet, devinrent de précieux éléments pour
la défense.

Le secrétaire du cardinal, le jeune Ramon de Cerbonnières, que nous avons
vu, quelques années après, député de

Paris à la seconde législature , courut en Angleterre et y déterra un capucin, nommé Macdermott , de la maison des capucins de Bar-sur-Aube (patrie de M^mo de la Motte). Ce capucin , sollicité par le jeune Ramon et par une lettre autographe du ministre des affaires étrangères , M. de Vergennes, consentit à revenir en France, pour y déposer en faveur du cardinal et donner, *per fas et nefas* , des éclaircissements sur la vente des pierreries opérée en Angleterre par le mari de M^mo de la Motte.

Presqu'en même temps , M. de Castelnau, résident français à Genève, toujours d'après les ordres du comte de Vergennes , faisait enlever, au mépris du droit des gens , et transférer à Paris , un sieur Villette , soupçonné d'avoir contrefait la signature de la reine. Cette capture, dont les partisans du cardinal firent grand bruit, pouvait aggraver sa position et sauver Mme de la Motte ; car, confronté avec le père Loth, Villette déclara « qu'il n'avait fait que copier l'écrit que Mme de la Motte lui avait présenté pour en avoir un double. Il avoua également que l'autorisation, signée *Marie - Antoinette de France*, produite au procès, et à lui représentée, était écrite de sa main ; qu'il n'eut jamais l'intention de contrefaire l'écriture de la reine ; que Mme de la Motte lui avait présenté *un original* à copier, comme il arrivait souvent pour d'autres papiers, et qu'il ne vit pas de crime à faire cette copie, ignorant absolument l'usage qu'on en voulait faire. » Au surplus, tous les originaux avaient été immédiatement brûlés ; mais il était patent que le prétendu faussaire n'était et ne pouvait être qu'un copiste.

Une courtisane célèbre, la demoiselle

d'Oliva, dont la ressemblance avec Marie-Antoinette était frappante, était une proie convoitée avec ardeur par les amis et les créatures du prince Louis. Cette fille, dans la crainte de se trouver impliquée dans une affaire criminelle, s'était enfuie en Belgique et se trouvait, par conséquent, sur le territoire autrichien. Le complaisant Vergennes, de l'aveu même du faible Louis XVI, obtint non sans peine l'extradition de cette fille, et elle ne tarda pas à venir rejoindre à la Bastille Mme de la Motte, le baron de Planta, le comte de Cagliostro et le cardinal.

La conduite du comte de Vergennes dans toute cette affaire est marquée, je crois l'avoir déjà fait observer, au coin de la partialité la plus révoltante. L'honneur de sa souveraine, la dignité du trône, la gloire du monarque, sont compromis dans un procès criminel, et lui,

ministre des affaires étrangères , revêtu
de la plus entière confiance du roi, ne se
fait pas scrupule de fournir à la partie
adverse de formidables armes, qui , fausses ou vraies, doivent augmenter les chances d'ignominie et d'immoralité de cette
sale procédure.

Les moyens légaux ne suffisent pas à ce
ministre pour parvenir, selon lui , à la
découverte de la vérité (découverte qui
ne doit être faite dans les pays policés
que par les dépositaires de la justice du
prince) , il a recours à des violations de
territoire, à des extraditions, à des lettres
confidentielles , pour recruter une phalange de témoins nécessaire à l'absolution
d'un prêtre aussi ambitieux qu'impudent , aussi vaniteux que crédule ! L'aveuglement et l'esprit borné d'un ministre est souvent aussi préjudiciable au
trône que ses trahisons. La partie poli-

tique de ce procès échappait à la vue très restreinte de M. de Vergennes ; gentilhomme très loyal et homme d'État fort médiocre, il déplorait la catastrophe arrivée à la maison de Rohan, et s'évertuait à détourner de la tête de l'un de ses membres les plus illustres la foudre prête à éclater. Le ministre n'apercevait pas au bout de ce bill d'impunité décerné à un insolent sujet , la déconsidération du trône et l'avilissement de ceux qui l'occupaient. Les stupides sympathies de M. de Vergennes pour un grand nom, ont contribué autant que l'assemblée des notables à la décomposition de l'État et à l'anéantissement de la monarchie.

Le comte de Vergennes était , je le répète , un très honnête homme dans l'acception la plus étendue du mot, mais par cela même très facile à se laisser pénétrer et circonvenir par des intrigants ; or , le cardinal de Rohan en avait beaucoup à son service, et des plus adroits.

Le public fut inondé de Mémoires, je l'ai déjà dit ; Mme de la Motte en fit paraître deux à quelques jours d'intervalle ; M. de Cagliostro publia le sien ; les avocats du cardinal ne négligèrent pas ce moyen de tenter et de séduire l'opinion publique. Ils en firent successivement distribuer six, écrits avec plus ou moins de verve et de talent. Enfin la courtisane d'Oliva lança aussi le sien. Il obtint, non un succès d'estime, mais un succès de scandale, et il le méritait.

On sait que cette fille donna au cardinal, sous le nom de la reine, un rendez-vous dans les bosquets de Versailles. Voici comment elle raconte cette aventure :

« J'avoue, dit-elle, que je me suis laissée entraîner à Versailles par M. et Mme de la Motte ; j'ai été parée pour la scène nocturne du bosquet, des mains mêmes de Mme de la Motte ; elle me dicta les paroles que je devais dire à la personne qui se présenterait à moi dans une attitude respectueuse ; elle me donna la boîte et la petite rose que je devais remettre ; elle m'avertit du signal auquel je devais me retirer promptement. Pour m'engager à remplir ce rôle, elle m'assura que c'était *un tour que voulait jouer la reine ;* que Sa Majesté se trouverait à portée de voir cette scène, et que j'en serais bien récompensée. Ne croyant pas devoir, dans ma situation, me refuser à jouer un rôle innocent, qui devait amuser un moment la reine, je m'y suis prêtée de bonne grâce. A l'issue de cette courte représentation, M. de la Motte, qui m'y avait conduite entre onze heures et minuit, me ramena dans l'appartement de Mme de la Motte, à Versailles. Celle-ci vint ensuite me dire que la reine avait été fort contente. Je soupai ce soir même avec M. et Mme de la Motte et leur ami Villette. J'eus tout lieu d'être satisfaite du cadeau qui me fut remis de la part de Sa Majesté.... Je ne me suis évadée que parce que Mme de la Motte m'a fait dire qu'une calomnie atroce la retenait captive, et que la même main qui la frappait pouvait mettre mes jours en danger, à cause de la scène du bosquet ; elle se hâtait de me conseiller de sortir de France sans délai. »

A qui persuadera-t-on que cette entrevue du cardinal de Rohan et de la courtisane d'Oliva, passant pour Marie-Antoinette, n'ait pas été jouée pour amuser la reine ? Si la comtesse de la Motte eût voulu jouer seule le cardinal, aurait-elle choisi les bosquets de Versailles pour théâtre ? Et l'heure ? Entre onze heures et minuit ! A cette époque encore, les résidences royales étaient l'objet d'une surveillance perpétuelle. Qui aurait osé, même parmi les courtisans, improviser une scène de comédie presque sous les fenêtres du palais ? qui eût été assez hardi pour braver les patrouilles de gardes-du-corps et de grenadiers suisses, qui sillonnaient dans toutes les directions les allées du parc de Versailles et des deux Trianons ?

La comtesse de la Motte, abandonnée par ceux dont elle avait été le trop docile instrument, trahie par des hommes qu'elle avait comblés de bienfaits ou de marques d'attachement, se livra, dans les diverses confrontations qu'elle eut à subir avec le baron de Planta, avec le père Loth, avec la demoiselle d'Oliva, à de terribles colères, car cette femme, que trois ou quatre écrivains obscurs (je ne parle pas des avocats de M. de Rohan, qui devaient, dans l'intérêt de leur client, ravaler la femme qui lui était supérieure par l'esprit et par la naissance, la femme qu'il appela longtemps son guide, son ange gardien et son amie) ont cherché à faire considérer comme une misérable aventurière, avait de la grandeur dans l'âme et un de ces caractères que le divin Platon appelait royal. L'arrêt qui a flétri la comtesse de la Motte ne peut être regardé par les hommes sérieux que comme une de ces exigences politiques dont les annales de la justice sont remplies.

« Je vois bien, s'écria-t-elle dans sa confrontation avec le baron de Planta, je vois bien qu'il y a un complot formé pour me perdre ; mais je ne périrai qu'en révélant des mystères d'iniquités, qui feront connaître de grands personnages encore cachés derrière le rideau. »

Cette menace, on ne sait pourquoi, ou du moins on le sait trop bien aujourd'hui, ne fut point mentionnée sur le registre du Parlement.

Je ne fais point ici l'historique de ce procès célèbre, cela n'entrerait ni dans le plan que je me suis tracé dans ces souvenirs, ni dans les limites que je me suis imposées ; il me suffit d'avoir brièvement esquissé quelques faits principaux et d'avoir soulevé un coin du voile qui a couvert si longtemps cette odieuse intrigue. Je ne parlerai point de cette série interminable d'interrogatoires, de confrontations, de dépositions qui se détruisaient l'une l'autre ; je ne parlerai pas davantage de cet épisode jeté dans le procès par un certain Bette d'Etieuville, pour dépister les juges et le public ; j'arriverai en hâte au dénouement de ce drame monstrueux, où, à défaut de sang, la boue

et la fange dominent à côté du ridicule (1).

J'avais été en position de tout voir et
de tout entendre ; je n'ignorais ni les ob-
sessions dont les juges étaient poursuivis,
ni les stratagèmes qu'on employait pour
faire parvenir au cardinal, dans ses splendides appartements de la Bastille, les documents nécessaires à sa défense et jus-

(1) Un jésuite, grand-vicaire de M. de Rohan, eut
l'effronterie de comparer l'évêque de Strasbourg à saint
Paul, et de citer, dans un mandement, les expressions
de cet apôtre à son disciple Timothée, *de ne pas rougir
de sa captivité et de ses liens.* N'était-ce pas là une
belle et décente application ? Le jésuite fut exilé à
quelques lieues de Paris, et il eut l'impudence de se
plaindre de cet acte de sévérité. Un de ses amis, jésuite
comme lui, mais homme de sens et d'esprit, répondit
à ses lamentations : « Ne vous plaignez pas, vous avez
mérité mieux que l'exil. Louis XI, tout dévot qu'il
était, vous aurait fait pendre ; et Louis XIV, pénitent
du père Lachaise, vous aurait fait enfermer dans les
cabanons de Bicêtre. Bénissez Louis XVI, et tâchez de
ne plus l'offenser en le comparant à Néron. Votre aveu-
gle gratitude pour M. de Rohan vous emporte trop
loin. »

qu'aux copies des interrogatoires et des dépositions des témoins à charge. Dès lors, j'avais tiré l'horoscope de l'affaire.

— Vous sortirez triomphant de ce procès, monsieur le comte, dis-je à Cagliostro, car M. de Rohan sera, sans nul doute, renvoyé absous. Permettez-moi donc, non pas de me retirer de la lice, mais de décliner l'avantage de plaider pour vous à la Grand'Chambre. Sans la conviction, la parole de l'avocat est un vain bruit. Or, chez moi, la conviction n'existe pas.

— Vous en avez trop vu, répartit le comte en souriant.

— Et trop appris, ajoutai-je.

— Mais, me dit-il, je puis au moins compter sur vous pour le conseil?

— Je manquerais à l'honneur de ma profession si je pouvais oublier un instant que vous m'avez confié le soin de vous défendre, et que vous m'avez aussi rendu le dépositaire de vos secrets. Mes conseils vous sont acquis, mais je ne plaiderai pas.

— Soit ! le péril n'existe donc pas pour moi ?

— Pour arriver jusqu'à vous, il faut atteindre le cardinal, et, je vous le répète encore, son absolution est arrêtée d'avance.

— Mais si la reine influençait les délibérations de la cour, si....

— Vous seriez alors réellement persécuté, et je prendrais la parole. La haine de l'oppression remplacerait chez moi la conviction.

M. de Cagliostro m'adjoignit pour la plaidoirie un avocat d'un talent recommandable, dont la tâche, qu'il remplit pourtant avec zèle, ne fut pas difficile.

Les conclusions du procureur-général

tendaient à flétrir M. le cardinal et Mme de la Motte : ces conclusions avaient été, dit-on, concertées avec les deux rapporteurs : le premier président d'Aligre et le conseiller d'Amécourt.

Après neuf mois de captivité, le cardinal comparut enfin devant le Parlement assemblé.

Il se tint debout à la barre. La pâleur de son visage annonçait les suites de la maladie qui avait inquiété pour ses jours (1). Le premier président, sur la demande de plusieurs conseillers, l'invita jusqu'à trois fois à s'asseoir, le car-

___

(1) Des coliques très vives et des symptômes inquiétants occasionnèrent des soupçons de poison. Le gouverneur de Launay, honnête et brave gentilhomme, fit d'exactes perquisitions, et on présuma que cet accident provenait d'une casserole mal nétoyée. Le cardinal se ressentit le reste de ses jours de cette tentative d'empoisonnement ; je l'ai vu, en 1801, il avait de fréquents maux de tête, et de son œil gauche découlait sans cesse une humeur âcre et corrosive.

dinal n'obéit qu'à la troisième invitation à cette honorable distinction, et marqua sa sensibilité et sa gratitude par une profonde inclination.

La plaidoiries commencèrent : elles furent brillantes, animées, chaleureuses. Le cardinal prit aussi la parole, et, dans un petit discours écrit avec beaucoup d'artifice, il se posa en homme plus imprudent que coupable; il termina par ces propres paroles :

« J'ai été complétement aveuglé par le désir immense que j'avais de regagner les bonnes grâces de la reine. »

Cette scène d'humilité, de franchise et de repentance, atteignit le but qu'on s'était proposé. La majorité des juges fut disposée à l'indulgence. Néanmoins, le procureur-général n'adoucit pas ses conclusions flétrissantes ; les deux rapporteurs, qui opinèrent les premiers, les adoptèrent dans leur entier ; quatorze juges , entraînés par le discours du conseiller d'Amécourt, furent du même avis.

Le président d'Ormesson proposa un amendement en faveur du cardinal , amendement qui ne le dépouillait plus de ses dignités et de ses places , mais qui l'assujétissait à une démarche humiliante vis-à-vis de la reine , à qui il devait demander pardon. Huit conseillers se rangèrent de cet avis.

Les conseillers Freteau et Robert de Saint-Vincent prirent alors la parole, et, dans des discours fort étendus et surtout fort étudiés , conclurent à ce que le cardinal fût déchargé de l'accusation intentée contre lui. Ces suffrages inattendus et émanés de magistrats qui avaient dans le Parlement une grande réputation de lumières et d'intégrité, firent une profonde impression. L'abbé Sabatier , MM. de

Barillon et de Jonville , et quelques autres , parlèrent dans le même sens que
MM. Freteau et Robert de Saint-Vincent,

Des trois opinions, il fallut se résumer
à deux : cinq conseillers des huit de l'opinion du président d'Ormesson passèrent
du côté qui innocentait le cardinal ; les
trois autres votèrent pour les conclusions
du procureur-général et des rapporteurs.

Enfin , le 31 mai 1786 , à neuf heures
du soir , après une dernière séance de
dix-huit heures, intervint l'arrêt solennel
qui déchargeait le cardinal de l'accusation intentée contre lui , condamnait la
dame de la Motte à avoir les deux épaules marquées par un fer rouge de la lettre
V (voleuse) , à avoir la tête rasée par la
main du bourreau, et à être ensuite renfermée pour le reste de ses jours à la
maison de correction de la Salpêtrière.

Villette fut banni à perpétuité ; le comte de Cagliostro renvoyé du royaume ; la demoiselle d'Oliva mise hors de cour ; les biens de M. et Mme de la Motte confisqués au profit de M. le cardinal , pour dommages et intérêts des sommes escroquées et du Collier volé ; M. de la Motte déclaré complice et contumace. Trente voix contre vingt décidèrent le jugement célèbre qui tenait en suspens la France et toutes les cours de l'Europe.

L'annonce de ce jugement causa dans la foule du peuple qui stationnait aux alentours du Palais-de-Justice une joie vraie ou factice, qui se traduisit bientôt, selon l'usage, en émeute. Effectivement, quand ce peuple vit qu'on reconduisait le prince à la Bastille, il voulut s'y opposer et poussa des cris de fureur. Le cardinal se montra alors à la portière de la voiture et déclara qu'il retournait de son

plein gré à la Bastille , mais que bientôt
il rentrerait dans son hôtel. Le peuple ,
charmé de cette promesse , laissa alors
passer la voiture et la suivit jusqu'à la
Bastille, en vociférant des bénédictions et
des vivats en l'honneur du cardinal.

Mais si le peuple de Paris célébrait ,
par des manifestations bruyantes , la liberté de M. le cardinal de Rohan , les
courtisans à Versailles étaient plongés
dans une morne stupeur. Qui oserait annoncer cette absolution scandaleuse à la
reine ?

Mme de Polignac se chargea de cette
mission délicate, et s'en acquitta avec un
tact exquis ; elle employa à peu près les
mêmes formes de discours que ce ministre espagnol qui annonçait à son maître
la perte du Portugal et le triomphe de la
maison de Bragance.

La colère de la reine fut silencieuse ;

elle laissa seulement tomber ces mots de sa bouche :

— C'est une indignité ! je l'avais prédit au roi. Ah ! messieurs du Parlement, vous nous payez ainsi votre restauration.

Peu de jours après le jugement, le baron de Breteuil arrivait chez le cardinal pour lui demander, au nom du roi, sa démission de la grande aumônerie, son cordon bleu, et lui signifier la lettre d'exil qui le réléguait à son abbaye de la Chaise-Dieu.

Le cardinal s'empressa d'obéir. Sa disgrâce achevait de l'élever dans l'opinion : il était dieu ; le roi n'était plus qu'un personnage de comédie : devinez lequel.

IX.

Mme de la Motte sur l'échafaud. — Son séjour à la Sal-
pêtrière. — Evasion mystérieuse. — Le comte de
Cagliostro chez le restaurateur Bancelin. — Mme de
Polignac aux eaux de Bath.

L'issue du procès du Collier ne satisfit
personne : les partisans de la cour stygma-
tisèrent l'arrêt du Parlement en le trai-
tant de scandaleux et d'attentoire à la majesté royale ; les amis de la maison de
Rohan méprisèrent un triomphe qui était

presque aussitôt couronné par un exil. Les hommes sérieux enfin qui avaient pris pour devise le *mihi Otho , Galba , Vitellius nec beneficio , nec injuriâ cogniti* de Tacite , virent avec douleur dans le dénouement de cette longue et pitoyable comédie une atteinte profonde portée par la justice elle-même aux saintes prérogatives de l'égalité devant la loi.

La vérité n'avait pu jaillir de ce chaos de cupides manœuvres, de basses et inutiles intrigues : mais les juges qui avaient résisté aux instances , aux larmes , aux supplications d'une femme , d'une reine accusatrice , n'avaient pu se soustraire aux mille piéges tendus à leur bonne foi et à leur religion par les amis, les créatures , les affidés , d'un prêtre ambitieux et extravagant. Dans ce duel, engagé maladroitement entre le trône et la corruption sacerdotale , entre le souverain et le sujet , le trône fut vaincu , le souverain fut jeté comme un gage à la malignité des peuples , et l'opinion publique se montra tout à la fois hostile au trône qui avait succombé dans la lutte, aux magistrats qui avaient absous, et aux ministres qui avaient compromis , par une inconcevable légèreté , la dignité du chef de l'État et l'honneur d'une reine , qui , dès ce moment , devint le point de mire des calomnies de deux factions naissantes.

Le procureur-général Joly de Fleury comprenait toute la portée politique de cet arrêt , lorsqu'il dit , en sortant de la Grand'Chambre, le jour du prononcé du jugement, au conseiller Robert de Saint-Vincent, qui avait entraîné , par son discours , les votes de la majorité :

— Monsieur, vous venez, sans le vouloir , d'ébranler les bases de la monarchie. Votre discours , en jetant le blâme sur la Couronne, a mis tout en question les droits du souverain et ceux du Parlement. Dieu veuille, monsieur, que vous ne vous repentiez pas un jour de la déplorable victoire que vous avez obtenue (1).

Au moment où le baron de Breteuil signifiait au cardinal de Rohan les ordres du roi, Mme de la Motte subissait dans la cour du Palais-de-Justice le supplice infamant auquel elle avait été condamnée. Cette femme, sur laquelle j'aurai occasion de revenir dans la suite de ces mémoires, descendait en ligne directe de

(1) Le conseiller Robert de Saint-Vincent ne se contenta pas de discuter les faits à l'avantage du cardinal et de combattre ceux qui pouvaient lui être contraires. Il osa blâmer, en termes fort peu mesurés, l'arrestation de ce prince de l'Église dans la galerie de Versailles, et plaignit la jeunesse du roi et de la reine de n'avoir pas auprès d'eux un ministre assez sage et assez courageux pour les empêcher de commettre un acte si scandaleux.

Philippe de Valois ; son origine était, par conséquent, aussi illustre et plus ancienne que celle de la maison de Bour-bon. Le sang royal qui coulait dans ses veines ne désarma pas l'impitoyable sévérité de ses juges ; elle fut cruellement fustigée par la main du bourreau ; et ses épaules furent marquées par un fer rouge de la lettre V (voleuse).

Dans cette épreuve terrible où les caractères les plus fermes fléchissent et s'effacent, Mme de la Motte conserva toute l'énergie du sien ; seulement, quand sa chair frissonna sous la brûlante étreinte du fer, elle s'écria, comme transportée d'indignation et de colère :

— Si l'on flétrit ainsi le sang des Valois, quel sort est donc réservé au sang des Bourbons ?

Le juge qui présidait à l'exécution lui fit mettre alors un bâillon dans la bouche. Cette atroce précaution, qu'on avait jadis employée ponr l'infortuné général Lally-Tollendal , excita les rumeurs du peuple ; la présence d'une force armée considérable l'empêcha de manifester autrement son mécontentement ; mais il prit bientôt une revanche en reconduisant au milieu des huées et des sifflets l'inique magistrat qui avait outrepassé les droits de la justice et qui avait méconnu ceux de l'humanité.

Mme de la Motte fut transférée à la Salpêtrière , où , la chevelure rasée et vêtue en habit de pénitente , elle fut confinée dans une casemate isolée , sans communication qu'avec les personnes chargées de la nourrir, et faut-il le dire, de la fustiger. Cependant , après quelques mois de réclusion, elle fut rendue à la liberté. Sa sortie de la Salpêtrière n'est pas l'incident le moins singulier de cette ténébreuse histoire. Je tiens les détails de cette évasion de celui-là même qui l'opéra en vertu d'ordres supérieurs.

La comtesse était une nuit à écrire dans sa chambre à la pâle lueur d'un cierge qu'un charitable prêtre lui avait donné, lorsque tout à coup la porte de sa cellule s'ouvre et un homme apparaît.

— Que me voulez-vous ? dit Mme de la Motte en se levant avec précipitation ; êtes-vous envoyé par mes ennemis pour me tuer ou pour me déshonorer ?

— Je viens pour vous sauver, répliqua l'inconnu ; vos amis ont été forcés de vous abandonner temporairement, mais n'ont pas cessé de veiller sur vous et ne vous ont point oubliée. Voici des habits d'homme, revêtez-les au plus vite, et ne craignez pas de me suivre.

Et l'homme jeta sur la couche de Mme de la Motte un volumineux paquet de

hardes qu'il avait apporté sous son manteau.

— Je ne saurais m'habiller seule , dit
alors la comtesse, car ces vêtements n'ont
jamais été à mon usage.

— J'ai pourvu à tout , reprit le libérateur ; j'ai avec moi une dame qui vous
servira.

Et aussitôt une dame masquée et en-
veloppée d'un long mantelet noir entra
dans la cellule , et , d'un geste impératif,
ordonna à l'inconnu de se retirer.

Au bout d'un quart d'heure , la métamorphose de Mme de la Motte était complète , et la prisonnière sortit donnant le
bras à la dame masquée. On franchit rapidement l'enceinte de la Salpêtrière , et ,
arrivée sur le boulevard neuf, la comtesse
fut tout étonnée de trouver une chaise de
poste.

— Partez , dit alors la dame masquée,

partez ; cette voiture vous conduira jusqu'à Calais, et l'homme qui vous accom-
pagne ne vous quittera pas que vous ne
soyez en sûreté. Adieu , pardonnez à vos
ennemis, et surtout pardonnez à vos amis
qui n'ont pu agir aussi vite et aussi bien
qu'ils l'auraient désiré.

Mme de la Motte se précipita aux genoux de la dame masquée, qui lui abandonna une main que la comtesse couvrit
de baisers et de larmes.

— J'ai bien souffert, s'écria-t-elle, mais
ce délicieux moment me dédommage de
tous mes maux et de toutes mes dou-
leurs.

Le voyage de Mme de la Motte se fit avec
une extrême rapidité. L'homme qui l'accompagnait la remit entre les mains d'un
capitaine de navire danois qui n'attendait
qu'elle pour lever l'ancre. La comtesse
arriva quelques heures après à Douvres,

d'où elle se dirigea sur Londres , où son mari l'attendait avec la dernière impatience.

Pendant son séjour à la Salpêtrière , Mme de la Motte écrivit beaucoup. Il m'est tombé entre les mains quelques fragments des mémoires de sa vie , composés dans sa prison. Ces fragments étaient écrits avec une pureté , une éloquence très remarquables , et la justesse de la pensée s'unissait dans son style à l'originalité de l'expression ; la comtesse se livrait aussi pendant sa captivité à la Bastille et à la Salpêtrière à des travaux d'aiguille.

Elle fit présent à la femme de son avocat de deux fables de Lafontaine , traduites par elle en tapisserie : c'étaient , si je ne me trompe, les *Animaux malades de la peste* et le *Charlatan.* Il est impossible de rendre avec plus d'esprit, de ma-

lice et de sentiment, ces deux chefs-d'œuvre de notre immortel fabuliste.

J'ai souvent demandé à la personne de
qui je tiens les détails de l'évasion de
Mme de la Motte, si elle avait soupçonné
le nom et le rang de la dame mystérieuse
qui l'avait dirigée dans la délivrance nocturne de la comtesse.

Cette personne m'a assuré qu'elle ignorait absolument la qualité de la dame
masquée, et que, selon toute apparence,
le baron de Breteuil possédait seul le mot
de cette nouvelle énigme. Je n'insistai
pas davantage pour le moment, et, quelques années après, lorsque je revis dans
les prisons révolutionnaires ce libérateur
de Mme de la Motte, de hautes convenances m'empêchèrent de reproduire mes
questions.

Le comte de Cagliostro, pour célébrer
l'acquittement du cardinal de Rohan,

voulut , conseillé sans doute par Ramon de Carbonnières , secrétaire du prince , offrir un splendide banquet aux avocats de la cause, à quelques magistrats et à un certain nombre de riches citoyens de Paris, qui s'étaient voués pendant le procès à la mauvaise fortune du prélat et s'étaient faits gratuitement les apologistes de son éminence.

Le salon de Bancelin , traiteur renommé et fort à la mode , fut choisi par le comte pour recevoir ses soixante ou quatre-vingts convives. Mais il avait compté sans son hôte. Les magistrats refusèrent l'invitation tout net. M⁽ˢ⁾ Target, de Bonnières, Tronchet et Collet , prétextèrent pour ne pas s'y rendre des affaires importantes ; moi-même , pour éluder la ridicule ovation dont j'étais menacé , je simulai un voyage en Picardie.

Au jour et à l'heure indiqués, le comte

de Cagliostro se trouva à peu près seul dans le riche salon de Bancelin décoré de couronnes de chêne, de faisceaux d'armes et d'attributs maçoniques. Le baron de Planta, M. Ramon de Carbonnières, ses acolytes, étaient attérés de ce qu'ils appelaient la tiédeur des amis du cardinal.

— Ne vous désolez pas de ce contretemps, s'écria le comte de Cagliostro avec ce ton d'inspiré qui ne l'abandonnait jamais dans les moments critiques, l'Evangile du Christ nous offre un moyen sûr et facile de sortir de ce mauvais pas avec honneur : M. de Carbonnières, rappelez-vous la parabole du père de famille, qui, à défaut des parents et des amis invités aux noces de son fils unique, envoya ses serviteurs sur les chemins pour convier les passants au festin qu'il avait apprêté. Imitons, messieurs, la sage mesure du père de famille et improvisons-nous des convives.

Cette motion burlesque fut accueillie par les assistants avec de grands applaudissements , et les garçons de Bancelin reçurent immédiatement l'ordre de s'échelonner sur le boulevard et de prier toutes les personnes d'un extérieur décent, qui viendraient à passer, de vouloir bien accepter le dîner que M. le comte de Cagliostro leur offrait.

En moins d'un quart d'heure, les garçons de Bancelin avaient recruté les soixante convives qui manquaient à la fête. Parmi ceux que le hasard désigna à la sollicitude des agents du comte de Cagliostro, je citerai l'acteur Corsse (1), le

(1) Corsse devint dans la suite directeur du théâtre où il était alors acteur. Cet artiste , d'un talent vraiment original , créa le personnage de Mme Angot, mythe et symbole des personnages et des fortunes révolutionnaires.

capitaine Franquet (1), le marchand de toiles Lecointre de Versailles (2), et le mulâtre Fusée-Aublet, fils d'un homme célèbre dans les sciences naturelles (3).

(1) Le capitaine Franquet était un de ces hommes intrépides qui savent conquérir leurs grades à force de belles actions. Fils d'un pauvre paysan de Meudon, le capitaine Franquet, comme Rose et comme Chevert, était parti soldat de son village, et avait acheté ses épaulettes par quinze blessures reçues dans les combats de la guerre de sept ans. Je l'ai particulièrement connu et sa mémoire me sera toujours chère.

(2) Lecointre, marchand de toiles à Versailles, fut depuis nommé à la Convention nationale et vota la mort de Louis XVI. C'était un homme bizarre et fantasque qui représentait mieux dans une orgie que dans une assemblée législative.

(3) Ce fils d'un homme cher aux sciences, était lui-même un modèle de bon ton, d'esprit et d'urbanité. Sous le consulat, et Fouché étant ministre de la police, Fusée-Aublet fut nommé inspecteur-général de police, emploi difficile, qu'il a honoré par sa conduite et par son humanité. En 1793, Fusée-Aublet se voua à la défense des monuments de Paris, que le vandalisme révolutionnaire voulait anéantir. Il fut un jour question au comité de la section de Bonne-Nouvelle de démolir la Porte Saint-Denis; déjà les membres les plus influents du comité se préparaient à appuyer la motion barbare, lorsque Fusée-Aublet s'élança à la tribune, et dans un discours plein d'une patriotique indignation, il invo-

Les convives étaient étrangers les uns aux autres, et malgré cela, ou peut-être à cause de cela, le festin fut joyeux et la conversation générale, vive, intéressante et spirituelle. La chère était bonne, les vins étaient exquis et le comte de Caglios-tro fit les honneurs de sa table avec cette aisance, ce tact et cette politesse, apanage exclusif des hommes qui vivent habituellement avec les grands. Mais au dessert et à l'instant où le comte allait donner une libre carrière à son éloquence mystique, un commissaire, envoyé par le lieutenant de police, vint sommer les convives de se retirer chacun chez soi.

— Monsieur, dit Cagliostro au com-

qua le respect dû par un peuple libre aux monuments des arts. La Porte Saint-Denis fut conservée, grâce à la courageuse opposition de ce généreux citoyen. Fusée-Aublet mourut à l'hôpital Saint-Louis en 1826 ou 1827, je crois. C'est ainsi que la ville de Paris a reconnu le dévouement d'un homme qui lui a conservé un de ses plus beaux édifices.

missaire, je ne sais en vérité de quel droit vous venez troubler le plaisir de citoyens paisibles.

— Je n'ai point à vous apprendre, monsieur le comte, répartit le commissaire, le motif des ordres dont je suis chargé ; mon devoir est d'agir, le vôtre est d'obéir.

M. Ramon de Carbonnières et le baron de Planta voulurent entamer une controverse avec le magistrat ; mais celui-ci, pour toute réponse, fit entrer dans la salle du festin une douzaine de soldats du guet, la baïonnette au bout du fusil.

A cette apparition formidable, les invités s'empressèrent de prendre leurs cannes et leurs chapeaux et se retirèrent en toute hâte. Le comte, M. Ramon de Carbonnières et le baron de Planta suivirent le torrent. Lecointre de Versailles seul voulut pérorer et opposer de la résistance ; le guet l'emmena au corps-de-garde, où le capitaine Franquet et Fusée-Aublet allèrent presque aussitôt le réclamer. Ils obtinrent, non sans peine, sa délivrance immédiate.

Le comte reçut presque aussitôt une lettre de cachet qui lui ordonnait de quitter Paris le soir même, et la France sous trois jours.

Ainsi se termina cette équipée politico-bachique, qui excita l'hilarité de ceux-là mêmes auxquels le procès avait fait pitié. C'était la petite pièce après la grande.

Je n'avais point voulu accepter d'honoraires pour la part, au surplus très minime, que j'avais prise à la défense du comte de Cagliostro. Il crut devoir m'envoyer, le même jour de son départ, un charmant tableau de Mieris-le-Vieux (1),

(1) Mieris, qu'on appelle le *Vieux*, pour le distinguer de son fils et de son petit-fils, était né à Leyde en

avec une lettre où il m'assurait de sa gratitude et de son souvenir éternel. J'ai gardé la lettre et j'ai offert le tableau de Mieris, en 1787, au Musée royal, où il se trouve probablement encore.

Un journal anglais, je ne me rappelle plus précisément lequel, contenait, vers les premiers mois de l'année 1787, l'annonce suivante, sous la rubrique de Londres :

« Il n'est bruit, dans les salons de cette capitale, que d'une publication importante qui va jeter une nouvelle clarté sur le procès du Collier. M. le comte de la Motte, dont la femme a joué un rôle si

---

1635. C'était un peintre d'une grande originalité et d'un grand talent. A l'âge de vingt ans, il avait été reçu avocat; il abandonna bientôt cette carrière pour se livrer tout entier à la peinture. Mais il avait conservé du Barreau une élocution facile et brillante. Ses élèves disaient qu'il parlait comme il peignait : c'était un bel éloge.

malheureux dans cette longue et diffuse procédure, va divulguer les noms des vrais coupables. L'Europe, dont les regards ont été fixés si longtemps sur cette affaire scandaleuse, accueillera avec plaisir les éclaircissements que va donner M. le comte de la Motte dans l'intérêt de l'honneur et de la vérité. »

Cette annonce insidieuse, répétée par quelques journaux de Paris, jeta, à ce qu'il paraît, le trouble et l'épouvante à la cour de Versailles. La reine s'effraya des accusations calomnieuses qu'une femme irritée pourrait porter contre elle, le baron de Breteuil partagea les alarmes de Marie-Antoinette. Bref, on ouvrit une négociation avec le comte de la Motte pour la suppression complète et la remise du mémoire annoncé ; on prétendit alors que le comte exigeait, pour prix de sa complaisance, la révision du procès, la réhabilitation de sa femme et une somme de deux cent mille livres. On lui fit probablement sentir qu'une révision n'était pas possible, qu'une réhabilitation ne l'était pas davantage, et qu'une satisfaction monnayée était ce qu'il devait le plus raisonnablement espérer et exiger. M. de la Motte se rendit enfin et promit de remettre le manuscrit de son mémoire à la personne qui viendrait lui apporter les deux cent mille livres.

La duchesse de Polignac, l'amie de la reine, la confidente de ses plus secrètes pensées, partit alors pour l'Angleterre, sous le prétexte d'aller prendre les eaux de Bath. Le comte et la comtesse de la Motte attendaient la duchesse dans cette ville. Dès la première entrevue, Mme de Polignac remit les sommes convenues au comte de la Motte, et reçut en échange la minute du terrible mémoire, qui fut

envoyé sur-le-champ à Versailles à Marie-
Antoinette (1).

Le roi ne soupçonna pas alors les motifs véritables du voyage de la duchesse
de Polignac ; mais lorsqu'il en fut instruit quelques mois après , il entra dans
une violente colère et disgrâcia le baron
de Breteuil. Le ministre fut puni, mais le
courtisan se consola aisément de la disgrâce de l'homme d'état.

Cette transaction fut fatale à la reine :
les ennemis de cette princesse triom-
phèrent de cette démarche indigne du
rang suprême , indigne d'un honneur
sans tache et d'une conscience sans reproches.

(1) Une diatribe a paru en Angleterre sur l'affaire
du Collier, et quelques personnes ont pensé que ce
pamphlet était le manuscrit de M. de la Motte : cette
supposition est fausse. L'original du véritable mémoire
de M. de la Motte n'a point été imprimé et a été confié
à un membre encore vivant du Parlement.

Je l'ai déjà dit, les malheurs de la couronne datent du procès du Collier. Mais quelle expiation, grand Dieu ! la justice éternelle réservait-elle à ceux qui avaient oublié la majesté de leur race et la majesté de leur rang !!!

X.

La fille Salmon. — L'avocat Lecauchois. — L'imprimeur Cailleau. — Opposition du Parlement à quelques édits bursaux. — Plaisanterie d'un parlementaire.—Exil du parlement.—Démission du cardinal de Loménie. — La Basoche à la statue de Henri IV. — Mort de Gerbier.

Le Parlement de Rouen avait condamné à mort une servante accusée et convaincue d'avoir empoisonné son maître. Cette fille, nommée Marie-Françoise Salmon, d'une médiocre beauté, était douée d'une finesse et d'un esprit assez rares chez les personnes de sa condition.

Lecauchois, avocat distingué du barreau de Rouen, homme probe, généreux, et fort disposé, par la candeur de son âme, à recevoir des impressions favorables à la duplicité et à l'hypocrisie, se mit dans la tête que la fille Salmon était innocente du crime dont elle avait été accusée, et que sa condamnation était une erreur de la justice. Bien pénétré de cette pensée, il écrit mémoires sur mémoires, adresse au roi et au garde-des-sceaux d'éloquentes suppliques, intéresse au sort de sa cliente toutes les notabilités de la province, invoque l'appui des écrivains et des journalistes les plus renommés de Paris, qui, de leur côté, évoquent à grand bruit l'ombre des Calas, des Sirven, des chevalier de la Barre, et ne ménage ni

peines, ni voyages, ni argent, pour assurer, à ce qu'il croit fermement, le triomphe de l'innocence et de la vérité.

Les efforts de Lecauchois ne sont pas
infructueux. Le Parlement de Paris est
saisi de l'affaire; une nouvelle procédure
se déroule, étayée de nouveaux témoins,
de nouveaux incidents, de nouvelles dépositions.

Lecauchois plaide avec cette force, cette
énergie, que donnent la conviction et le
désir de soustraire une infortunée au
glaive de la loi. Un arrêt du Parlement
de Rouen avait condamné la fille Salmon
à la mort; un arrêt du Parlement de Paris la déclare innocente et la rend à la
liberté.

Lecauchois est au comble de la joie :
tout confiant qu'il était dans la bonté de
sa cause et dans l'excellence de ses moyens
de défense, il n'avait pas prévu une si

prompte et si complète victoire ; la fille Salmon , froide et impassible pendant le cours des doubles débats criminels, trouve à peine un sourire sur ses lèvres minces et pâles pour remercier son généreux défenseur et le payer avec cette monnaie de l'âme , de ses veilles , de sa sollicitude et de son éloquence.

Cependant le procès de la fille Salmon avait éveillé les sympathies générales. A Paris , à la cour , on ne parlait plus que de la fille Salmon et de son avocat Lecauchois.

Cet intérêt se métamorphosa en culte , en admiration , en engouement , lorsque le Parlement l'eut déclarée innocente. Présentée à la cour , choyée , caressée, fêtée par les femmes les plus qualifiées et les plus en crédit, il ne tint qu'à la fille Salmon de se croire un personnage important et de rêver une fortune que l'abjection de sa condition passée ne lui aurait pas permis d'espérer (1).

La cour et la bourgeoisie ne se montraient pas seules avides de contempler les traits de la jeune fille ; le peuple se mettait aussi de la partie et suivait d'habitude le fiacre qui la promenait dans Paris, en faisant retentir les airs de : vive la fille Salmon ! vive son avocat ! et quelquefois aussi : vive le Parlement !

Je vis très souvent et en plusieurs occasions au Parlement la fille Salmon , et je formai une étroite liaison avec son avocat. Voici l'origine de cette liaison :

M. Lecauchois avait fait imprimer ses

(1) La courtisane d'Oliva, que nous avons vu jouer un rôle si singulier dans l'affaire du Collier, trouva un gentilhomme , un comte riche, jeune et bien fait , qui lui offrit son nom , son titre et sa fortune. La d'Oliva s'empressa d'accepter , comme on le pense bien. En France, le scandale tient quelquefois lieu de dot, de talent et de vertu.

mémoires chez un de mes parents, André Cailleau , imprimeur – libraire , homme chez qui les qualités du cœur n'étaient point inférieures à celles de l'esprit (1). Lors de l'absolution de sa cliente, Lecau‑ chois dit au libraire :

— Etranger dans cette ville, mon cher Cailleau, je viens implorer votre aide pour colloquer dans une famille respectable la

(1) Charles-André Cailleau , imprimeur-libraire de Paris , a laissé un nom honorable dans les lettres. Bibliographe intelligent et sagace , critique consciencieux, poète original et facile , il joignait à la patience de l'érudit l'amabilité de l'homme du monde. André Cailleau a donné , sous le nom de l'acteur Taconnet, une foule de petites comédies pétillantes de sel , d'esprit et de gaîté. Aussi bon citoyen qu'élégant écrivain, André Cailleau , électeur de 89 , manifesta des idées de réforme, mais ne les poussa pas jusqu'à la destruction du trône et de la religion. Les jeunes écrivains de son temps trouvaient en lui un guide, un conseil et souvent un ami. Plus d'une fois , ses presses et sa bourse ont été mises à leur disposition. Pigault-Lebrun paya, dans un de ses romans, la dette de la reconnaissance à André Cailleau, et j'ai entendu le savant et vénérable Daunou parler de lui avec une touchante effusion.

fille Salmon. Les convenances me défen-
dent de la recevoir chez moi, et pourtant
je ne voudrais pas la perdre tout à fait de
vue, car je craindrais que les attentions
dont elle va être l'objet ne troublassent
sa cervelle fort disposée à des songes de
grandeur et d'ambition.

— Je vous offre ma maison, répondit
le libraire avec ce ton de familiarité gau-
loise qui sied si bien aux âmes pures et
sincères ; ma femme et ma fille ne deman-
deront pas mieux que de vous être particulièrement agréable, et votre cliente
pourra rester auprès d'elles. Je reçois peu
de monde, si ce n'est ma famille et un
petit nombre d'amis ; ma maison est éloignée du centre de la ville (le libraire Cailleau demeurait alors rue Galande, près
la place Maubert). Voilà, j'espère, des
conditions qui vous plairont.

— Je n'aurais point osé, répartit l'avo-

cat, exiger de votre obligeance un sem-
blable service ; mais puisque vous m'of-
frez si généreusement ce précieux asile,
je l'accepte et je vous prie de recevoir en
échange toute la reconnaissance de ma
cliente et la mienne.

— Je n'ai besoin que de votre amitié,
dit le libraire.

— Et elle vous est acquise, mon cher
Cailleau, interrompit l'avocat en serrant
affectueusement les mains de l'imprimeur dans les siennes, depuis le jour où
vous vous êtes voué si noblement au succès d'une cause qui intéressait toutes les
âmes sensibles (1).

La fille Salmon fut installée le même
jour dans la maison du libraire et Mme Cail-

(1) André Cailleau offrit gratuitement ses presses à
M. Lecauchois pour l'impression des deux premiers
mémoires que cet avocat publia en arrivant à Paris.
Le désintéressement de l'imprimeur égalait le zèle et
l'infatigable activité de l'avocat : l'un et l'autre furent

leau ainsi que sa fille lui prodiguèrent dès ce moment les soins les plus assidus et les plus empressés.

Chaque année, l'église de Saint-Laurent faisait, le premier dimanche après la Pentecôte, une procession solennelle dans les rues et places dépendantes de sa circonscription paroissiale. Cette cérémonie s'appelait la procession du *Grand-Pardon* et attirait une affluence prodigieuse de peuple. Les étrangers s'y portaient aussi en foule, car tout ce que le luxe moderne peut ajouter de splendeur et d'éclat aux majestueuses pratiques du culte catholique, s'y trouvait réuni. La fille Salmon manifesta le désir de voir cette procession, et M. Cailleau l'amena ainsi que son

récompensés par l'opinion publique. La mode s'empara de la fille Salmon, et on fit des éventails où elle était représentée entre son défenseur et le généreux libraire qui avait coopéré si efficacement à la publicité de ses malheurs et de son innocence.

avocat chez ma mère , dont la maison était située , comme je crois l'avoir dit , faubourg Saint - Martin. La procession passait sous nos fenêtres. Ma mère recevait ce jour-là ses parents et ses amis : la fête de l'église était chez elle , comme au bon vieux temps, une fête de famille.

A peine M. Lecauchois et la fille Salmon étaient-ils arrivés, que la procession commença à défiler ; tout le monde se mit aux fenêtres.

Les nuages d'encens et de fleurs qui parfumaient l'air, ces blanches tuniques des jeunes lévites qui se mêlaient aux chapes surchargées d'or des prêtres et des diacres , ces encensoirs qui s'élançaient vers le ciel avec les hymnes et les cantiques d'un clergé nombreux ; les voix claires et retentissantes des enfants de chœur que couvraient par intervalles les fanfares de la musique des gardes françaises, tout ce saint attirail, toute cette pompe sacrée jetaient l'âme dans une douce extase et dans un indicible ravissement.

Tout à coup, une voix part du milieu de cette foule :

— Voilà la fille Salmon !

Tous les regards se dirigent alors vers le balcon où elle était agenouillée près de ma mère. Mais la nouvelle gagne de proche en proche, et bientôt des flots de curieux s'amoncèlent devant notre logis et interceptent la circulation. La procession, par bonheur, avait échappé au scandale de cette reconnaissance : elle était déjà loin.

Cette foule, naguère muette et silencieuse, fait jaillir aussitôt de sa vaste poitrine ses cris ordinaires :

— Vive la fille Salmon ! vive son avocat !

Ma mère effrayée de ces cris, auxquels les bourgeois de Paris n'étaient point encore accoutumés , ordonne aux domestiques de fermer les croisées. Mais de nouvelles clameurs plus vives , plus formidables , se font entendre au dehórs :

— La fille Salmon ! la fille Salmon !! nous *voulons* voir la fille Salmon et son avocat !!!

Déjà quelques fanatiques s'apprêtaient à entrer de vive force dans la maison , lorsque M. Lecauchois parut au balcon principal , et tenant la main de la fille Salmon. Ils saluèrent l'un et l'autre , à plusieurs reprises , la multitude qui battait des mains , et répondait à leur salut par des vivats prolongés.

Cette concession faite à la curiosité publique , la fille Salmon et M. Lecauchois se retirèrent , laissant à une patrouille du guet , qui arrivait en hâte, le soin de rétablir l'ordre, si singulièrement troublé.

L'attitude du peuple dans le procès du Collier, lors de l'acquittement du prince Louis de Rohan, et dans celui de la fille Salmon, présageaient les fureurs auxquelles il devait se livrer quelques années plus tard.

Ma liaison avec M. Lecauchois data du jour de la procession du Grand-Pardon. Cet excellent homme, cet avocat éloquent et consciencieux, mourut peu d'années après, saturé de dégoûts, de déceptions et d'amertumes, et presque subitement.

La fille Salmon resta à Paris, et obtint, je crois, sous le règne de la Convention, un bureau de papier timbré. Cette créature survécut à sa propre renommée et à son bienfaiteur, à la mort duquel elle n'accorda que peu de larmes.

M. de Calonne avait été obligé de se retirer devant le mauvais vouloir de l'Assemblée des notables. L'archevêque de Toulouse, Loménie de Brienne, fut appelé à le remplacer dans le titre de chef du conseil des finances et de principal ministre.

Le prélat, qui avait été dans l'Assemblée des notables l'un des plus fougueux adversaires du plan proposé par M. de Calonne pour l'extinction de la dette, adopta, à la surprise générale, le système de son prédécesseur : impôt du timbre, subvention territoriale de quatre-vingts millions, et quelques édits bursaux.

Ces édits furent portés au Parlement, et le Parlement exigea la communication de l'état actuel des finances avant de procéder à l'enregistrement.

— Ce ne sont pas des états de finances,

s'écria un conseiller, mais des États-Généraux qu'il nous faut.

Personne ne pensait, dans l'assemblée,
aux États-Généraux ; cette plaisanterie y
fit penser tout le monde et la révolution
française commença par un bon mot.

Le ministre promit la convocation prochaine des États-Généraux et revint à la
charge pour l'enregistrement de ses édits.
Le Parlement persista dans son refus. Le
ministre força l'enregistrement dans un
lit de justice tenu à Versailles, et le Parlement, à peine de retour à Paris, pro-
testa contre l'enregistrement. Cette lutte
déplorable se termina par l'exil en masse
du Parlement à Troyes. Chaque conseiller reçut la lettre de cachet suivante :

« Monsieur (ici le nom), je vous fais
cette lettre pour vous ordonner de sortir,
dans le jour, de ma bonne ville de Paris,

et de vous rendre en celle de Troyes, dans le délai de quatre jours , pour y attendre mes ordres , vous défendant de sortir de votre maison avant votre départ , sous peine de désobéissance.

» Sur ce , je prie Dieu qu'il vous ait en sa sainte garde.

» Versailles, le 15 août 1787.

» LOUIS. »

La cour choisissait mal le lieu d'exil. Ce fut à Troyes qu'en 1420 (367 ans auparavant) une reine infâme et dénaturée, unie à un prince du sang ennemi de la branche régnante (le duc de Bourgogne), s'emparant de l'autorité royale sous le nom du faible Charles VI, avait organisé la destruction du Parlement de Paris , renversé la constitution française , foulé aux pieds la loi salique, outragé les principes les plus sacrés et vendu la couronne de France à l'ambition de l'ennemi de la nation.

Le barreau de Paris voulut suivre en masse le Parlement.

— Votre fortune est la nôtre, dit le bâtonnier, Me Nicolas Samson, au premier président ; nous partageons depuis cinq cents ans vos travaux, vos exils, votre gloire : ne nous déshéritez pas aujourd'hui de ce privilége honorable, et laissez-nous partir avec vous.

— Il y a erreur de date dans nos lettres de cachet, monsieur le bâtonnier, répartit en souriant le premier président ; nous ne vivons plus sous le roi Charles VI, et nous ne sommes pas davantage au règne de Louis XIV. Restez à Paris ; l'exil du Parlement ne saurait durer longtemps, et nous viendrons vous retrouver bientôt.

Pour obéir aux lettres-patentes, le Parlement exilé à Troyes se rendait tous les matins à l'audience. Un huissier appelait le *rôle* avec le nom du procureur et de l'avocat, et personne ne répondant, la séance était levée pour recommencer la même scène le lendemain. Le reste de la journée était employé à recevoir les députations, à faire des réceptions en assemblées de chambres, etc.

C'est à Troyes et pendant les longs loisirs du Parlement de Paris, qu'on procéda entr'autres à la réception de M. Guy-Marie Solier, fils du président à la Cour des Aides, et auteur de l'excellent et important ouvrage des *Annales françaises*.

Le mécontentement public engagea la cour à transiger avec le Parlement. Au lieu de la subvention territoriale et du timbre, elle fait proposer au Parlement d'enregistrer une déclaration portant prorogation du *deuxième vingtième*. Le Parlement consentit à l'enregistrement après quelque résistance , et revint , au mois de septembre , tenir la Chambre des vacations.

La rentrée de la Saint-Martin eut lieu solennellement comme d'habitude ; la messe rouge fut célébrée par l'évêque de Nevers !

Mais le Parlement et le Barreau s'étaient à peine remis de cette secousse , que le premier président reçut (le 18 novembre) ordre de convoquer les Chambres le lendemain 19 de grand matin pour une séance royale. Cette séance avait pour objet l'enregistrement de deux édits, dont l'un portait création d'un emprunt graduel et successif de quatre cent vingt millions distribués sur cinq ans.

Cette séance du 19 novembre fut orageuse. Le ministre comptait sur l'obéissance du Parlement, et deux conseillers,

Freteau et Sabatier, élèvent la voix, non-seulement contre l'édit , mais encore contre la forme de l'enregistrement dont ils prétendent que la présence du roi gênait la liberté. Le duc d'Orléans soutient avec véhémence les deux magistrats.

Louis XVI exile le prince et les deux conseillers ; mais cet exil , que sa clémence abrège, n'efface point l'affront que la couronne vient de subir (1).

Le roi commençait à se repentir d'avoir restauré le Parlement. L'archevêque de Toulouse et Chrétien-François de Lamoignon , garde-des-sceaux , qui avait succédé à M. de Miroménil , proposent au monarque un plan qui le délivrera pour toujours des exigences et des chi-

(1) On dit que Louis XVI , en sortant de la séance , s'écria en voyant M. de Brienne : — Eh bien ! docteur, ils ne veulent pas enregistrer.... Vous m'avez trompé.

canes d'une assemblée ingrate, rebelle et usurpatrice.

Louis , entraîné par de perfides conseils, subjugué par les larmes de la reine, qui voulait à tout prix se venger du Parlement , agrée le plan de ses ministres et les engage même à en hâter la réalisation.

D'après cette invitation , les ministres agissent de concert. Les intendants reçoivent l'ordre de se rendre dans leurs provinces ; les commandants sont dirigés vers leurs chefs-lieux ; les uns et les autres trouveront , arrivés à leur destination, des lettres cachetées qu'ils ouvriront à jour fixe. Des corps de troupes sont échelonnés autour des villes où siègent des Parlements. Enfin l'imprimerie royale où l'on imprime jour et nuit les déclarations et lettres circulaires qui devraient paraître en même temps , est entourée d'un bataillon de gardes-suisses. Personne ne peut y pénétrer. Malgré la sévérité des précautions, le conseiller Duval d'Espréménil , ou pour mieux dire le duc d'Orléans , obtient une épreuve des divers imprimés moyennant trois cents louis d'or.

Le 3 mai , les Chambres assemblées , on lit ces papiers surpris à la vigilance du ministre. Ils contiennent des édits portant création d'une assemblée composée des princes, des pairs, des maréchaux de France et de personnages élevés aux dignités dans le clergé, la noblesse, la magistrature , avec toute l'autorité dont jouissaient les Cours plénières sous Charlemagne ; l'établissement, dans l'étendue du Parlement de Paris , de quatre Conseils souverains nommés grands bailliages , qui auraient chacun un ressort déterminé et dont les attributions devaient

circonscrire étroitement celles qui res-
teraient au Parlement déchu par la loi
du privilége d'être désormais Cour des
pairs.

C'était le plan, à peu de différence
près, du chancelier Maupeou.

Le Parlement, après cette lecture, qui
fut écoutée dans un profond silence, manifesta le désir de formuler son opinion
générale et irrévocable, et il exposa que :

« Justement alarmé des événements
funestes dont une notoriété trop cons-
tante paraissait menacer la Constitution
de l'état et de la magistrature ; considé-
rant que les ministres ne voulaient anéantir les lois et les magistrats, que parce
que ceux-ci ne cessaient de se montrer
inébranlables dans la résolution de ne
point enregistrer les impôts onéreux, et
qu'ils sollicitaient la tenue des Etats-
Généraux comme le seul remède appli-

cable aux maux du royaume, il avait désiré, avant tout événement, poser les principes d'une manière immuable, et qu'en conséquence il déclarait que la France est une monarchie dans laquelle le roi gouverne par des lois fixes ; qu'au nombre des lois fondamentales, sont celles qui assurent la couronne à la maison régnante, de mâle en mâle, par ordre de primogéniture ; aux Etats-Généraux, légalement convoqués, le droit de consentir les impôts ; à la magistrature, son immutabilité ; à chacun, la jouissance invariable de sa propriété et de la liberté individuelle ; que dans le cas où la magistrature, subjuguée par la force, se trouverait dans l'impossibilité de veiller par elle-même à la conservation du principe établi ci-dessus, elle les recommande au roi, aux pairs du royaume, aux Etats, légitimement assemblés, et généralement à tous les citoyens. Il déclarait, de plus, que, dans le cas où, contre ces principes, on prétendrait établir un corps quelconque pour représenter la Cour des pairs, aucun membre de ladite Cour actuelle n'y prendra séance, ne reconnaissant pour telle que celle qui existe. »

Cette mémorable déclaration, qu'on peut appeler la Charte du Parlement expirant, et qui est comparable, par la netteté des vues, la distinction et la reconnaissance des droits, à ce que la Constituante fit de plus utile et de plus beau, produisit une grande sensation dans Paris et dans toute la France. L'opinion de la nation était favorable au Parlement; le trône était seul, seul pour la lutte qui se préparait, et il n'avait pas même pour lui le prestige qui s'attache d'ordinaire aux choses respectables, le procès du

Collier avait éteint cette dernière lueur du diadême.

En vain le principal ministre veut-il, pour se venger, faire arrêter les conseillers d'Espréménil et Montsabert, on répond au marquis d'Agoust, chargé de cette mémorable mission, ce qu'on répondit autrefois dans la même enceinte à Bussy-Leclerc :

« Nous sommes tous portés sur la liste de proscription. »

Les deux conseillers se livrent d'eux-mêmes : d'Agoust, Cromwell au petit pied, fait défiler les magistrats entre deux haies de soldats ; mais à la porte du palais, les magistrats trouvent le peuple, et ce peuple, plus irrité que consterné, les accueille avec de grands applaudissements et les reconduit avec des cris de joie jusqu'à leurs maisons. Malheur aux soldats et à M. d'Agoust, s'ils avaient

cherché à étouffer cette manifestation populaire.

Les jeunes avocats , dans la salle des
Pas-Perdus , en grand nombre et armés ,
n'attendaient qu'un signal pour délivrer
MM. de Montsabert et d'Espréménil ; ce
signal ne fut pas donné.

Le 8 mai, un lit de justice se tint à Versailles, et les édits fabriqués avec tant de
soins, de peines et d'ennuis, furent enre-
gistrés d'autorité. Mais ce succès éphé-
mère , ou plutôt cette misérable copie
d'une cour plénière, ne rassura point sur
les éventualités de l'avenir le principal
ministre. Après trois mois de combats
acharnés, l'archevêque de Toulouse donna sa démission au roi, et prit immédiatement le chemin de Rome , où il venait
d'être promu au cardinalat. On assure
que le nouveau cardinal emporta une
telle opinion du caractère de son prince,

qu'il s'écria, en prenant congé, à Versailles, de quelques-uns de ses amis les plus
intimes :

« Je ne me sens pas le courage d'être
le Strafford de ce Charles Ier. »

M. Necker fut rappelé aux finances et
M. de Barentin, premier président de la
Cour des aides, remplaça M. de Lamoi-
gnon.

La retraite de M. de Loménie fut saluée
par les Parisiens avec une joie qui res-
semblait fort à de la folie. Une troupe de
jeunes gens, appartenant pour la plupart
à la Basoche, s'établirent sur la place
Dauphine, brûlèrent l'effigie du cardinal;
puis, s'étendant jusqu'au Pont-Neuf,
qu'ils cernèrent à ses neuf issues, for-
cèrent tous ceux qui passaient, soit à
pied, soit en voiture, de saluer la statue
de Henri IV. Cette espiéglerie politique,
dont les auteurs étaient parfaitement con-

nus du Barreau , n'eut pas de suites fâ-
cheuses et rappela seulement les burlesques guerres de la Fronde.

Le Barreau perdit son aigle en 1788.
M. Gerbier mourut dans tout l'éclat de sa
gloire et de son talent, et succomba à une
fièvre d'éloquence que des ennuis et des
chagrins domestiques rendirent mortelle.
Ce grand orateur m'avait protégé de son
amitié et honoré de son patronage. Je le
pleurai et je déposai sur son cercueil une
palme arrachée au tombeau de Cicéron.

XI.

Le confiseur de Mme Dubarry. — Les causes grasses.
— La dernière fête du mai. — L'avocat du clergé
Camus. — Le comte de Cagliostro au château Saint-
Ange. — Mercier et Rétif de la Bretonne.

Au milieu des préoccupations politiques qui attristaient si profondément le Barreau, un procès qui rappelait par sa nature et par ses développements les causes que l'on appelait *grasses* dans le vieux style du Parlement, vint se dénouer au

Palais pendant l'hiver de 1788. Il s'agissait d'une contestation fort vive entre un confiseur de Paris et Mme la comtesse Dubarry.

Mme Dubarry, après la mort du prince, s'était retirée dans son charmant château de Lucienne, à trois lieues de Paris. Là, entourée d'un petit nombre d'adulateurs titrés, fidèles à sa fortune, de quelques artistes et de quelques littérateurs philosophes, la sultane émérite menait une vie douce et voluptueuse, mille fois préférable à l'existence si orageuse et si enviée du palais de Versailles. Mais en déposant pour toujours le caducée de la puissance féminine, en renonçant au plaisir de faire et de défaire des ministres, Mme Dubarry n'avait point abdiqué les habitudes somptueuses et les allures dispendieuses d'une courtisane royale. La dépense d'une table splendide, ouverte chaque jour à plus de trente convives et surchargée des viandes les plus succulentes, des poissons les plus rares , des légumes les plus frais , des fruits les plus savoureux et des vins les plus illustres , n'était plus en harmonie avec ses revenus. Le temps n'était plus où la comtesse , jetant sa pantoufle au milieu de son boudoir, la faisait ramasser par un chancelier de France en simarre et en bonnet carré , et ordonnait à ce même chancelier (Maupeou) de lui remplir son étui à louis d'or (1) , mis à sec par le jeu de la veille. Mme Dubarry n'avait plus à Lucienne de chancelier de France pour premier valet de pied ; elle se contentait , pour remplir cet office , d'un

(1) Les femmes de la cour se servaient alors d'un étui pour serrer l'or qu'elles consacraient au jeu. Ces étuis étaient d'or et quelquefois enrichis de pierreries ; ils pouvaient contenir deux ou trois cents louis. L'étui de Mme Dubarry, don de Louis XV, avait coûté dix mille livres. Il fut vendu révolutionnairement trois mille francs en mauvais assignats.

philosophe entre deux âges, déserteur
obscur de l'Encyclopédie et déclaré
grand homme par lettres patentes signées
d'Alembert et Voltaire.

Parmi les nombreux créanciers de
Mme Dubarry, figurait un sieur Groubert,
confiseur à Paris. Cet honnête commer-
çant avait depuis bientôt dix ans la four-
niture du château de Lucienne; grâce
aux talents et à l'imagination poétique du
sieur Groubert, la table de la comtesse
pouvait offrir à chaque dessert un cours
d'histoire et d'archéologie. La colonne
Trajane, l'arc de Septime-Sévère, le Va-
tican, Saint-Pierre de Rome, le temple
d'Ephèse, le colosse de Rhodes, le môle
d'Adrien et une infinité d'autres chefs-
d'œuvre d'architecture étaient reproduits
en sucre, en orange, en pistache, en cho-
colat par l'ingénieux Groubert.

« Sous ses heureuses mains, le sucre

devient marbre, » s'écriait son avocat, le spirituel de Bonnières. Mais là ne s'arrêtait point le talent d'imitation du confiseur ; il reproduisait avec le même bonheur la physionomie des contemporains célèbres ; c'est ainsi que Voltaire, J.-J. Rousseau, Francklin, Frédéric II, Cagliostro, Mesmer, la fille Salmon, défilèrent sur la table de Mme Dubarry, et, nouveaux Mausoles, furent croqués par cette moderne Arthémise.

Le confiseur finit par se lasser de toujours fournir à crédit son sucre et son esprit. Il actionna Mme Dubarry, et la somma, devant les juges du Châtelet, de lui rembourser la somme énorme de trente-deux mille livres pour ses fournitures depuis dix ans. Soit que le lieutenant-civil eût conservé quelque ombre de gratitude pour l'ancienne favorite, soit que les juges n'eussent pas considéré cette dette comme sérieusement exigible , le tribunal renvoya les parties devant arbitres et compensa les dépens.

Cette sentence déplut au confiseur, qui interjeta appel au Parlement. M⁰ Jules de Bonnières (1) plaida pour le confiseur Groubert, et M⁰ Pierre-Michel Vermeil, que nous avons vu , il y a quelques années , conseiller à la Cour de cassation , soutint les droits de Mme Dubarry. Ce procès quasi-burlesque, où deux avocats également renommés , par l'atticisme de leur parole et l'enjouement de leur caractère, faisaient assaut d'éloquence et d'esprit, fut une bonne fortune pour les habitués du Palais. Les plaidoiries des

----

(1) De Bonnières , dont j'ai parlé dans le procès du Collier, jouissait au Palais d'une grande réputation de lumières et de probité. Des grâces extérieures et une élocution facile en avaient fait un des avocats les plus recherchés. Il mourut en 1801 , fort regretté et fort digne de l'être. M. Vermeil ne mourut qu'en 1809.

avocats franchirent même les limites du temple de Thémis et allèrent réveiller la malignité publique assoupie. Mme Dubarry se vit de nouveau , comme aux beaux jours de sa scandaleuse faveur, livrée aux sarcasmes , aux railleries de la société parisienne ; elle défraya pendant huit jours la conversation des cercles du grand monde. Enfin , l'arrêt du Parlement qui la condamnait *par corps* au paiement de trente-deux mille livres et aux frais du procès, vint mettre un terme aux épigrammes et aux chansons , et la châtelaine de Lucienne put croire que cette humiliation serait la dernière qu'elle éprouverait. La pauvre femme comptait sans son hôte , ou plutôt sans l'échafaud (1).

(1) Trois des juges de Mme Dubarry, dans son procès de confiseur , furent condamnés le même jour qu'elle par le Tribunal révolutionnaire , et montèrent

Je parlais tout-à-l'heure des *causes grasses*, et mes jeunes confrères du Barreau actuel ignorent peut-être ce qu'on entendait autrefois au Palais par cette qualification. Chaque année, vers la semaine qui précédait le carême, le greffier en chef du Parlement choisissait sur le rôle général les causes qui prêtaient le plus au ridicule, soit par la profession des parties, soit par la bizarrerie des incidents, soit enfin par les grotesques prétentions des plaideurs. Ordinairement, les avocats les plus en renom et les plus célèbres par leurs lumières et leur gravité ne dédaignaient point et briguaient même le plaisir de porter la parole dans

dans la même charrette pour aller à l'échafaud. Mme Dubarry était livrée au plus violent désespoir et conjurait le peuple de la délivrer. M. de M..., conseiller de grand'Chambre qui se trouvait dans la charrette auprès d'elle, lui dit alors avec une fermeté et un sangfroid digne d'un vieux Romain : « Madame, si vous n'avez pas su vivre, sachez au moins mourir. »

ces sortes d'affaires. Ces jours-là, le sommeil était banni du siége des magistrats, et l'auditoire (qui toujours à cette époque de l'année était fort nombreux), les juges et les avocats se livraient à une hilarité d'autant plus vive qu'elle était plus rare. L'appel des *causes grasses* était, à proprement parler, le carnaval du Palais, et ce carnaval était d'autant plus respectable qu'alors les magistrats et les avocats auraient cru manquer à la dignité de leur état et à l'espèce de sacerdoce qu'ils exerçaient, en se montrant dans les réunions et dans les bals que les *jours gras* faisaient naître à la ville et à la cour (1).

(2) En 1776, M. L.. , avocat au Parlement dé Paris , et possesseur d'une fortune considérable, venait d'être nommé échevin. Il crut devoir, pour célébrer son é-lection, donner un bal splendide, où il invita les notabilités du commerce, de l'industrie et de la finance. L'Ordre tout entier s'émut de ce bal offert par un avocat. M. L... fut appelé devant le conseil , fut *semoncé* et *admonesté*, et promit de ne plus pécher.

Cet usage tomba en désuétude vers le milieu du XVIIIe siècle. Les dernières *causes grasses* plaidées devant le Parlement de Paris furent le procès des charcutiers contre les pâtissiers, en 1747; des charbonniers de Paris contre le nommé Roblot, syndic et juré de la communauté des savetiers de Paris, en 1751; de Jean-Baptiste-Guillaume de Beaumanoir, chevalier de l'Ordre royal et militaire de Saint-Louis, capitaine de dragons, contre les sieurs curé et marguilliers de la fabrique de Saint-Roch, en 1756; du sieur Buffet, chapelain ordinaire de la Sainte-Chapelle, contre le sieur R..., chapelain ordinaire et pointeur de la même église, en 1757; du sieur Gaudon, entrepreneur de spectacles sur les boulevards de Paris, contre le sieur Jean Ramponneau, cabaretier à la Courtille, en 1758; du sieur Boucher de Villiers, peintre-dessinateur des médailles du cabinet du roi, contre le sieur C..., apothicaire, en 1759. Dans toutes ces causes plaidaient les Élie de Beaumont, les Coqueley de Chausse-Pierre, les Marchand, les Mangienne, les Lalaure, en un mot, l'élite du Barreau de Paris.

La plantation du Mai, autre usage aussi ancien de notre Parlement, se fit, en 1788, avec une pompe extraordinaire. Les jeunes gens de la Bazoche, au nombre de plus de deux mille, se transportèrent dans la cour du Palais et procédèrent à la plantation du mai devant les fenêtres de M. Lefèvre d'Ormesson, premier président, qui avait succédé à M. d'Aligre. En quittant le Palais, cette jeunesse impétueuse et mécontente de la conduite de la cour envers le Parlement, courut déposer sur la statue d'Henri IV une couronne de chêne et de laurier, et adapta sur le poitrail du cheval de bronze un écriteau portant ces mots :

A Henri IV , toujours regretté !

satyre négative , qui devait bientôt se traduire en croisades contre le trône et contre le prince faible et mal conseillé qui y était assis.

Les nouveaux frondeurs , dont le nombre s'accroissait chaque jour , grâce à la marche tortueuse du gouvernement et à l'impéritie des ministres , commençaient à se discipliner. Dans toutes les classes de citoyens surgirent des assemblées , des réunions , des cercles , où l'on discutait les actes du pouvoir, et où l'on se préparait dans l'ombre à ressaisir les droits dont la nation s'était laissé dépouiller. L'avocat du clergé Camus ouvrit son salon aux mécontents du Barreau , qui s'y rendirent en foule.

Camus, jurisconsulte profond, orateur peu disert, mais fougueux et irascible, était janséniste, et janséniste comme on l'était sous Louis XIV. Le temps n'avait point marché pour ses opinions religieuses ; la charrue qui avait sillonné les ruines de Port-Royal-des-Champs était à ses yeux toujours attelée ; les persécutions du grand Arnaud et du père Quesnel dataient pour lui d'hier. L'occasion qui se présentait de venger son parti et d'humilier à la fois le Parlement et le trône était trop belle pour n'en pas profiter. Camus la saisit avec empressement et devint un des régénérateurs de la France (1).

(6) Camus fut du nombre des commissaires de la Convention livrés par Dumouriez aux Autrichiens. Il fut échangé, ainsi que ses collègues contre Mme Royale aujourd'hui duchesse d'Angoulême. Camus obtint sous le Consulat le poste de garde des archives nationales. Il mourut à Paris, le 2 novembre 1804, d'une attaque d'apoplexie, laissant après lui la réputation d'un homme intègre, d'un savant laborieux et d'un législateur passionné.

Je me rendais assidûment à ses réunions, et j'y rencontrai des hommes qui, plus tard, jouèrent un grand rôle dans nos assemblées législatives. C'est chez Camus que je vis Danton, alors avocat au Conseil; Fréron, fils du fameux critique, Kersaint, capitaine de vaisseau; Pons, de Verdun, avocat inconnu au Palais, mais fort en réputation auprès des lecteurs de l'*Almanach des Muses*; l'oratorien Daunou, le graveur Sergent et le poète comique Fabre d'Églantine.

On traitait presque toujours, dans ces assemblées, des questions de haute politique; mais je dois le déclarer ici, aucun de ceux qui les composaient ne songeait à détruire l'ordre établi. La majorité voulait la suppression radicale des abus, mais elle voulait aussi le régime des lois et l'affermissement du trône. Camus lui-même, qui paraissait pencher du côté

d'une minorité inquiète et turbulente,
aimait, dans ses discours, à consacrer le
principe de l'inviolabilité royale. Les événements transforment les hommes et les
poussent trop souvent en dehors de la
voie qu'ils s'étaient tracée. Camus, à la
Convention nationale, agit et parla d'une
façon tout opposée. Le conventionnel de
93 renia les doctrines de l'avocat de 88.
L'histoire de Camus est celle de la plupart de ses collègues.

Je reçus, en 1788, des nouvelles du
comte de Cagliostro. Le pape Pie VI venait de le faire arrêter et emprisonner,
comme suspect de franc-maçonnerie,
d'illuminisme et de déisme. On allait procéder criminellement contre lui, et le
comte me faisait prier, par le chevalier
de Solerti, attaché à l'ambassade de Na-
ples à Paris, de venir le défendre devant
les tribunaux romains.

En tout autre temps , je me serais fait un devoir de répondre à la confiance de cet homme singulier ; mais j'étais père de famille , les travaux de mon cabinet s'étendaient tous les jours. D'un autre côté, la physionomie de la capitale faisait présager une révolution prochaine, et la patrie devait pouvoir compter sur le secours de tous ses enfants. J'écrivis au comte que je me trouvais dans l'impossibilité de me rendre à ses désirs, et je lui indiquai en même temps deux savants avocats de Rome, qui ne balanceraient pas à se consacrer à sa justification. Je ne sais si Cagliostro tint compte de mon avis , mais j'appris, quelques mois après, qu'il avait été condamné à mort, et que le souverain pontife avait commué sa peine en une prison perpétuelle.

Le comte de Cagliostro fut enfermé dans le château Saint-Ange et y resta jusqu'en 1795 , où on répandit le bruit de sa mort. Un officier de marine sicilien , avec lequel je me trouvai, en 1798, chez le ministre de la justice , m'assura qu'il avait reçu à son bord , dans les derniers jours d'octobre 1795 , un personnage mystérieux qui se fit débarquer à Smyrne. Mon Sicilien prétendait que ce passager, qui lui avait été remis par un officier des troupes romaines , n'était autre que le fameux comte de Cagliostro dont on avait brisé les fers.

Je n'accordai pas une grande attention à cette histoire, mais j'appris d'une source plus authentique que le malheureux hôte du château Saint-Ange charmait les longues heures de sa captivité en sculptant des petits morceaux de bois qu'il faisait vendre à la porte des principales églises de Rome ; ces sculptures, assez grossièrement faites, se débitaient bien , et le geôlier du château Saint-Ange, qui partage le bénéfice des travaux de ce genre, ne cessait d'encourager son prisonnier à perfectionner son talent ; mais le cerbère ignorait qu'à l'aide de ces sculptures chargées d'hiéroglyphes et de traits bizarres, le comte de Cagliostro entretenait une correspondance fort suivie avec ses amis et avec ses adeptes. Le poison, la maladie ou la fuite, mirent un terme au négoce du comte de Cagliostro dont personne n'a plus entendu parler.

Je me liai chez M. de Reuilly, fermier-général, mon client, avec deux hommes dont l'originalité des écrits ne démentait pas l'originalité des manières. Ces deux hommes étaient Rétif de la Bretonne et Mercier. Le premier avait composé soixante-quatorze volumes de nouvelles, qu'il appelait *contemporaines* ou *histoire des plus jolies femmes de l'âge présent.* Le

second avait fait le *Tableau de Paris*, ouvrage qui, suivant le mot tout à la fois
âcre et plaisant du comte de Rivarol,
« avait été pensé dans la rue et écrit sur
une borne. » Parmi des appréciations
vraies, justes, sensées, au milieu de ré-
flexions dignes d'un philosophe et d'un
bon citoyen, Mercier avait jeté des décla-
mations satyriques sur les institutions les
plus anciennes et les plus respectables. Il
avait bassement insulté le Parlement,
l'Ordre des avocats, l'Académie française,
dans son *Tableau de Paris*. J'avais lu
toutes ces turpitudes, et je me trouvais
heureux de pouvoir formuler mon opinion à l'auteur en personne de ce *Tableau
de Paris*, que les uns regardaient comme
l'œuvre d'un sage, que les autres regardaient comme l'œuvre d'un sot, et que
les gens raisonnables se contentaient de
regarder comme l'œuvre d'un fou.

Rétif de la Bretonne, écrivain aussi ro-
cailleux que Mercier, mais moins enclin
à cette déplorable phraséologie philosophique, ne piquait pas moins ma curiosité. Il y avait dans cet homme, qui, de
clerc de procureur, s'était fait homme
de lettres, du J.-J. Rousseau, du Sterne,
du Lesage et du Swift : tout cela faisait un
mélange assez grossier, mais sur cette intelligence de pièces et de morceaux régnait une âme digne de Caton.

XII.

Les Avocats et le Parlement jugés par Mercier. — Le
charlatan. — La prise de la Bastille. — Intrépidité
d'un avocat. — Décret du 3 novembre 1789. — Mort
du Barreau.

Mercier écrivait dans son *Tableau de
Paris :*

« Lucien nous peint quelque part un
homme qui va réciter sa cause à un avocat ; celui-ci écoute froidement ; il est
d'abord incertain , chancelant , dans un

état douteux, inhabile à se décider, à peu près comme l'*âne de l'école*. Vous croyez qu'il ne pourra sortir de cette indifférence où le tient un cas vraiment problématique. Le consultant tire une bourse, alors l'équilibre cesse dans l'entendement du patron. Il conçoit, il s'échauffe, il découvre de nouvelles lumières. Sa volonté est tout entière de votre bord ; il aperçoit une vérité incontestable, pour laquelle il va écrire six mois, et s'enrhumer dix fois ; il épouse avec chaleur cette même cause qu'il ne voyait naguère qu'avec indifférence.

» Tel est l'avocat de Paris ; l'incertitude des lois l'a rendu pyrrhonien sur l'issue de tous les procès, et il entreprend tous ceux qui se présentent. Celui qui l'aborde le premier détermine la série de ses raisonnements, et commande à son éloquence. »

L'écrivain philosophe, comme Mercier s'intitulait lui-même, ne traite pas mieux le Parlement de Paris :

« Les Parlements, dit-il, sont-ils une émanation des États-Généraux ? Les remplacent-ils dans leur absence par la nature même de la monarchie, qui admet nécessairement un corps intermédiaire ? Ont-ils été plus utiles aux rois qu'aux peuples, ou aux peuples qu'aux rois ? N'ont-ils pas achevé de détruire nos antiques libertés, en offrant à la nation un rempart vain et illusoire ? Sont-ils des représentants de la nation, lorsque leurs charges sont tout à la fois héréditaires et vénales, caractère distinctif de l'aristocratie qui se trouve au sein de la monarchie ? Qui les a chargés, tantôt de livrer le peuple au roi, tantôt de résister au roi sans le vœu du peuple ? »

Bien que ces diatribes, ensevelies dans

un livre que le comte de Rivarol jugeait, avec autant d'esprit que de raison, « avoir été pensé dans la rue et écrit sur une borne, » provoquassent le dégoût et le mépris des honnêtes gens, un avocat du barreau de Paris, M. Viaud de Belair, entreprit de réfuter les étranges assertions du prétendu philosophe, et y réussit complétement. Dans un ouvrage, nerveusement écrit, M. de Belair vengea l'Ordre des avocats des injures du moderne Zoïle, et gagna sa cause avec dépens. D'un autre côté, M. de la Cordière, conseiller au Parlement de Paris, publia, dans le *Mercure de France*, une excellente défense du Parlement, où il réduisait à une juste valeur les allégations de Mercier, et prouvait victorieusement que ce grand critique des institutions nationales était aussi ignorant en histoire qu'en beaux-arts et en économie politique.

Lorsque je me trouvai avec Rétif de la Bretonne et Mercier chez le fermier-général de Reuilly, l'auteur du *Tableau de Paris* était encore sous le coup de sa double défaite. Il voulut, dans sa mauvaise humeur, établir une polémique avec moi ; j'acceptai le combat, et je n'eus pas de peine à obtenir l'avantage, et vraiment, il n'y avait pas une grande gloire à cela, car l'ennemi des avocats et du Parlement était un pauvre logicien. Poussé dans ses derniers retranchements, il abandonna le champ de bataille et se rejeta sur Rétif de la Bretonne, qui lui parut apparemment un adversaire de meilleure composition ; mais Rétif, d'un extérieur débonnaire et d'un maintien assez timide, s'animait facilement au choc de la discussion. Sa rudesse d'honnête homme éclatait alors et il formulait ses opinions avec une vigueur qui n'était dépourvue ni d'esprit, ni d'amertume. Mercier le plaisanta sur sa fécondité et finit par blâmer sa publication des *Contemporaines*, en couvrant du voile de la morale les reproches qu'il se croyait en droit de lui adresser.

— Il vous sied bien, monsieur, répartit Rétif, en toisant d'un œil irrité le critique ; il sied bien à vous, qui avez fait, non pas le tableau, mais la caricature de Paris, de trancher du moraliste ! Votre ouvrage contient quelques vues utiles, je n'en disconviens pas ; mais combien renferme-t-il de jugements erronés, d'appréciations vicieuses, faut-il le dire, de calomnies insignes ! Vous traînant à la remorque du char philosophique, vous vous êtes fait une étude de déchirer et d'amoindrir la gloire des grands corps politiques et des hommes illustres dont la France s'honorera toujours. Votre fiel est tombé tour à tour sur les Parlements, sur l'Ordre des avocats , sur l'Académie française , sur toutes les institutions de notre pays. Vous avez été plus loin encore , vous vous êtes érigé en juge des écrivains du grand siècle de Louis XIV, et vous avez sacrifié Molière à Shakespeare , Corneille à Lope de Vega , Lafontaine à Bocace ; pour vous , monsieur, Bossuet n'est qu'un déclamateur, Patru un pédant , d'Aguesseau un sophiste , Boileau un versificateur. J'aime mieux , moi , avoir écrit des choses futiles , peut-être, mais au moins amusantes, que d'avoir contribué à éteindre , comme vous, monsieur, l'avez fait , l'amour que les citoyens d'un grand royaume doivent conserver pour tout ce qui a , hommes et institutions , honoré la nation. Au surplus , l'avenir prouvera peut-être qu'à l'exemple de tous ces grands pourfendeurs d'abus, qui, depuis cinquante ans, fatiguent le public de leurs élucubrations morales et philosophiques, vous saurez fort bien vous apprivoiser avec eux. Si le ciel m'accorde assez de jours pour assister à cette transformation, vous me permettrez de changer l'étiquette de votre sac, au lieu de *philosophe*, j'écrirai *charlatan*.

Rétif de la Bretonne ne savait pas si bien dire. Mercier, qui avait fulminé anathême sur anathême contre la loterie (1), trouva, sous *le* régime républicain, très moral et surtout très convenable d'accepter un poste important dans

----

(1) « Les suites funestes de cette cruelle loterie, dit Mercier, dans son Tableau de Paris, sont incalculables. L'illusion fait porter aux 112 bureaux l'argent réservé à des devoirs essentiels... Plusieurs maisons sont tombées par ce jeu ruineux. Une certaine ivresse s'empare de tous les infortunés, et ils perdent le dernier soutien de leur vie défaillante. On est pleinement instruit de toutes ces scènes tragiques, désastreuses, et presque

cette administration. Camus , son confrère à l'Institut , lui faisait un jour remarquer la différence qui existait entre
ses doctrines de 1787 et sa conduite de
1800 :

— Que voulez-vous , mon cher confrère , répondit Mercier , tout se modifie
dans la vie; placé plus haut qu'en 87, je
vois autrement.

— Très bien, répliqua l'ancien avocat,

Il est avec le ciel des accommodements ;

mais entre nous fallait-il tant crier alors
après les abus ? Je le vois , ajouta Camus
avec un ricanement moqueur, vous tenez
à honneur de ne point faire mentir ce

journalières, et, malgré toute l'évidence du danger
et toute la force du sentiment qui fait voir cette loterie
comme vexatoire , on en laisse subsister les funestes
opérations, tant on a soif d'argent , tant on fait peu de
cas des mœurs et de la tranquillité des familles. » Et ce
fut cet homme , cet écrivain, ce philosophe, qui touchait six ou huit mille francs aux dépens des *mœurs et
de la tranquillité des familles !!!*

pauvre Rétif de la Bretonne , qui , lui , n'a point crié après les abus , mais a su s'abstenir sous tous les régimes de leurs séduisantes amorces.

Les événements de 1789 , qui sont du domaine de l'histoire et que je ne rappellerai point ici , ouvrirent une vaste carrière aux avocats. Ce ne fut plus aux solennités judiciaires qu'ils firent briller leurs talents , leur éloquence , leurs lumières, ce fut dans les conseils de la cité, et , quelques mois plus tard , aux États-Généraux , où un grand nombre d'entr'eux se plaça de plein saut au premier rang des orateurs.

Grégoire de Tours appelait la France le royaume des évêques , parce que , disait-il , la houlette de ces pasteurs apostoliques avait creusé l'unité de la foi dans l'unité du pouvoir. En suivant la comparaison de Grégoire de Tours , on peut dire que la France constitutionnelle est le royaume des avocats.

A dater de 1789, ils apparaissent avec éclat dans toutes nos assemblées politiques. Leur probe et lumineuse influence domine toutes les discussions, commande à tous les partis. Les Parlements avaient fondé la résistance à l'oppression ; les avocats fondent la liberté. Tour à tour législateurs et martyrs, on les voit dans toutes les phases de notre longue et sanglante révolution se vouer au triomphe de ce qu'ils croyaient être le salut général. Plusieurs ont pu se tromper, sans doute, mais tous ont agi sous l'inspiration du patriotisme le plus pur (1).

La prise de la Bastille fut en quelque

----

(1) Le nombre des avocats à l'Assemblée constituante, à l'Assemblée législative et à la Convention, dépassa quatre-vingts. Sur ce nombre, les deux tiers au moins ont péri sur l'échafaud, dans l'exil ou dans

sorte le prologue du drame funèbre et sublime qui se déroula lentement au milieu de Paris, pendant les onze dernières années du XVIIIe siècle.

Je sortais le 14 juillet de l'Hôtel-de-Ville, où mes fonctions d'électeur m'avaient appelé, lorsque je vis une grande multitude de peuple s'avancer vers la Grève en poussant des cris de vengeance et de mort. Je m'avançai rapidement au-devant de cette foule et j'aperçus, non sans horreur, qu'elle traînait au milieu d'elle un cadavre : c'était celui de M. de Launay, gouverneur de la Bastille.

Ce hideux spectacle me fit frémir ; je rentrai aussitôt à l'Hôtel-de-Ville et je me réunis à mes collègues qui s'étaient, à la

les prisons. Le dernier tiers est arrivé aux honneurs, aux distinctions et à la fortune. L'armée et le Barreau se sont partagé les couronnes de la noblesse impériale.

nouvelle de la prise de la Bastille, déclarés en permanence.

Hélas ! notre zèle et notre dévouement à l'ordre public ne parvinrent pas, cette journée ni la suivante, à désarmer le bras des assassins.

Le malheureux de Launay avait été vaillamment défendu par quatre gardes-françaises qui formaient son escorte. Au moment où ces quatre braves disputaient leur prisonnier à la rage populaire, un avocat, M. Moreau de Saint-Méry, n'écoutant qu'une pitié généreuse, se précipita sur les meurtriers, se saisit d'un fusil que l'un d'eux dirigeait contre sa poitrine, et parvint à dégager un instant le triste cortége.

Si l'exemple de M. de Saint-Méry eût été suivi par quelques citoyens, le prisonnier était sauvé. Mais les bourgeois de Paris étaient alors aussi craintifs que crédules (1). On n'imita point l'avocat ; seulement, quand les bandits, enhardis par la neutralité des honnêtes gens, voulurent faire partager à M. de Saint-Méry le sort du gouverneur de la Bastille, mille bras le harponnèrent et le jetèrent dans le fond d'une boutique, où il resta caché malgré lui jusqu'au lendemain matin.

Les États-Généraux devinrent l'Assemblée nationale, et cette Assemblée se mit en devoir de tout détruire pour tout reconstruire. La noblesse s'était dépouillée de ses titres, le clergé de ses biens, les provinces à états de leurs priviléges et de leurs franchises ; il ne restait plus que l'Ordre judiciaire à régénérer ; son tour

(1) Croirait-on aujourd'hui, qu'au moment où le peuple investissait la Bastille, on faisait accroire aux Parisiens qu'une armée de 50,000 hommes débouchait par les Champs-Élysées ? Et le bourgeois le croyait !

arriva enfin , et , le 3 novembre 1789 , un décret de l'Assemblée nationale portait :

« Qu'en attendant l'époque peu éloignée où elle s'occupera de la nouvelle organisation du pouvoir judiciaire,

1° Tous les Parlements continueront de rester en vacances , et que ceux qui seraient rentrés reprendront l'état de vacances ,

2° Que les Chambres de vacations continueront ou reprendront leurs fonctions et connaîtront de toutes les causes , instances ou procès , nonobstant toutes lois et règlements à ce contraires , jusqu'à ce qu'il ait été autrement ordonné à cet égard. »

Les Parlements avaient de nombreux partisans dans l'Assemblée nationale, mais l'ardeur qu'ils déployèrent quand on fut sur le point d'arrêter le plan d'un nouvel ordre judiciaire , se trouva inutile.

Le *Moniteur* du 14 mars 1790 consacrait ce peu de lignes à la solution de cette grave et importante question :

« Après une courte, mais orageuse discussion , la question a été ainsi posée :

» L'Ordre judiciaire sera-t-il reconstruit en entier ou non?

» L'Assemblée décrète l'affirmative. »

Ainsi tomba ce grand arbre ! s'écrie un de nos savants confrères, abattu par ceux mêmes qu'il avait élevés et protégés sous son ombrage. Jamais on ne vit mieux que la reconnaissance n'est pas la vertu des nations. Aucun signe de sensibilité n'accompagna les derniers soupirs de ces corps précieux , qui avaient rendu de si grands services , et auxquels l'Assemblée *nationale* devait elle-même son existence.

Le Barreau , depuis cinq cents ans ,

partageait la gloire et la fortune du Parlement ; il tomba avec lui, et l'article 10
du décret du 11 septembre 1790 ne
laisse aux avocats :

1° Que le titre de *ci-devant avocat.*

2° Déclare qu'ils ne formeront à l'avenir ni ordre ni corporation.

3° Et les dépouille de la robe longue,
du bonnet carré, du chaperon fourré,
en leur interdisant tout costume particulier.

On a remarqué que cette espèce de
dégradation fut prononcée sous la pré-
sidence d'un des plus célèbres avocats, de
Thouret.

Mais il ne faut pas croire cependant
qu'une assemblée où siégeaient Tronchet.
Turgot, Hutteaux, Vergniaud, Camus,
Barnave et tant d'autres, n'ait point agi
dans cette circonstance suprême avec
toute la maturité désirable.

Après l'abolition des Parlements et des Cours d'appel , il fut question , dans les comités de l'Assemblée , du sort des avocats et de l'espèce d'existence qu'on devait leur conserver.

Les uns penchaient pour les maintenir dans leur possession d'état sans rien innover à leur manière d'être , et à transporter dans les Tribunaux de nouvelle création les droits et prérogatives dont ils avaient joui devant les Parlements et autres Cours souveraines. Mais une autre partie du comité était d'avis d'anéantir l'Ordre des avocats, et d'abolir même jusqu'au nom d'avocat.

Un fanatisme , un dévouement exalté pour la gloire et la mémoire de la profession d'avocat , avaient inspiré cette abolition.

Les avocats députés communiquèrent à plusieurs avocats de Paris la perplexité du comité, et demandèrent une opinion écrite. Cette opinion ne se fit pas attendre, et MM. de Bonnières et Delacroix-Frainville rédigèrent la déclaration suivante :

« On doit nous considérer sous deux rapports : sous celui d'*avocats* et sous celui d'*avocats au Parlement*. La dissolution du Parlement nous enlève celui-ci. A l'égard du premier, il ne pourrait être de quelque prix qu'autant qu'il y aurait encore des Cours souveraines, où nous transporterions notre nom, nos attributs et nos prérogatives; mais la nouvelle organisation judiciaire ne laisse pas de place à de pareilles Cours. On n'y connaît que des Tribunaux chétifs de première instance, qui se relaient les uns les autres pour les causes d'appel. Ce seront ces Tribunaux qui donneront l'investiture de la qualité d'avocats. Or, chacun de ces nombreux Tribunaux, qui couvriront la surface de la France , deviendra le foyer d'un nouveau Barreau.

» Ces Barreaux seront meublés d'une quantité prodigieuse d'hommes qui, sans aucune idée de nos principes et de notre discipline , aviliront nos fonctions honorables , et les dégraderont de leur noblesse. Cependant ces mêmes hommes s'obstineront à s'honorer du nom d'avocat , ils en usurperont la décoration , ils voudront aussi former un ordre , et le public , abusé par la similitude de nom , et qui , dans sa malignité naturelle , est toujours porté à généraliser ses imputations , confondra ces avocats de circonstance avec ceux de l'ancien régime. Le seul moyen d'échapper à cette *postérité* dangereuse , est de supprimer sur-le-champ la dénomination d'avocat, d'ordre , et les attributs qui en dépendent ;

qu'il n'y ait plus d'avocats dès que nous aurons cessé de l'être.

» Seuls dépositaires de ce noble état, ne souffrons pas qu'il soit altéré en passant dans des mains qui le flétriraient ; ne nous donnons pas des successeurs indignes de nous ; exterminons nous-mêmes l'objet de notre affection, plutôt que de le livrer aux outrages et aux affronts. »

L'opinion toute spartiate des avocats au Parlement de Paris détermina le vote des avocats *constituants*. L'article 10 passa tout d'une voix, et, à compter du 11 septembre 1790, IL N'Y EUT PLUS D'AVOCATS.

XIII.

Dispersion de l'Ordre. — Le dernier tableau. — M. Nicolas Férey. — Ma retraite. — Adieux au Palais. — Mon arrestation.

Le Parlement et l'Ordre des avocats tombèrent du même coup. Ces deux grands corps, qui, pendant cinq siècles, avaient associé leurs lumières , leur courage et leur dévouement , furent poussés ensemble dans l'abîme révolutionnaire, où devaient tomber après eux l'autel et le trône. Comme les lévites après la prise de Jérusalem , les avocats se dispersèrent mornes et silencieux ; mais, en se dépouillant de la toge , ils ne cessèrent point d'être citoyens ; ils se jetèrent avec une admirable résignation dans toutes les carrières ; les plus âgés continuèrent l'existence placide et studieuse du cabinet ; les plus jeunes embrassèrent le parti des armes (1) ; les uns prirent place sur les siéges de la nouvelle Magistrature ; les autres se livrèrent à de magnifiques travaux scientifiques. Tous voulurent être utiles à la chose publique , et tous le devinrent , car cette milice généreuse, fidèle

(1) Tous les Barreaux de France fournirent à l'envi des défenseurs à la patrie. Le seul Barreau de Paris donna aux armées de la République quatorze généraux, six adjudants-généraux, vingt-six colonels et une foule d'officiers inférieurs. Onze de ces valeureux citoyens existent encore aujourd'hui.

à ses vieilles traditions, aspirait au triomphe de la liberté et au bonheur du peuple.

Le tableau déposé au greffe du Parlement, en 1789, par M. Claude-Nicolas Samson, bâtonnier en 1786 et 1787, et encore bâtonnier en 1788 et 1789, à cause du décès de M. Gerbier de la Massillaye, porte le nom de six cent quatre avocats. On doit ajouter à ce tableau un supplément qui contient les noms de dix-sept avocats reçus au Parlement, à l'époque du 15 octobre 1790, mais dont l'inscription sur le tableau fut ajournée par les événements. Dans ces dix-sept noms figurent les Quequet, les Pigeau, les Roy, les Billecoq, les Guéral, les Taillandier, les Thévenin, qui, lors de la renaissance de l'Ordre, soutinrent si dignement la réputation du Barreau de Paris. Le chiffre total du tableau était donc de 621.

Au milieu des débris de nos institutions renversées, au bruit des chariots funèbres qui entraînaient à l'échafaud des milliers de victimes, un homme, un avocat auquel on pouvait appliquer les vers d'Horace :

Si fractus illabatur orbis,
Impavidum ferient ruinæ.

M. Nicolas Férey, résolut d'ériger, au sein de ses dieux domestiques, une espèce d'académie judiciaire. Il rassembla d'anciens confrères, y joignit quelques jeunes avocats et fonda des conférences quotidiennes, où chacun apportait son tribut de lumières, d'éloquence et de sagacité. M. Férey devint le point de ralliement de l'Ordre, et sa maison fut l'arche vénérable où les traditions du vieux Barreau se conservèrent pures et sans taches.

« L'autorité dont jouit M. Férey, dit

un de nos contemporains, fut d'autant plus flatteuse qu'elle était le fruit de l'estime et de la confiance. »

Pendant la Terreur, la maison de M. Férey fut signalée au comité révolutionnaire de la section comme un repaire de conspirateurs et d'aristocrates. Il n'en fallait pas davantage alors pour porter sa tête sur l'échafaud ; mais comme M. Férey faisait oublier par sa bienfaisance le crime d'être riche, trois membres du comité se détachèrent et vinrent officieusement lui faire subir un petit interrogatoire.

— Citoyen Férey, dit le harangueur de la troupe, qui était savetier de son état, il court de mauvais bruits sur ton compte, et nous venons, entre chien et loup, les éclaircir. On assure que tu tiens ici, tous les soirs, des conciliabules, et que tu reçois des agents de Pitt et Cobourg.

Ecoute , citoyen , nous t'avons toujours connu pour un bon b....., si tu as quelques peccadilles sur la conscience, avoue-les nous ; arrangeons les affaires , mais à condition que, dès aujourd'hui , tu donneras congé à tous les satellites du despotisme que tu reçois ici.

— Citoyens, répartit M. Férey avec un imperturbable sang-froid , je ne reçois point ici de conspirateurs, et je n'ai aucune espèce de rapports avec les agents de Pitt et Cobourg. Les personnes qui s'assemblent ici chaque soir sont des citoyens inoffensifs qui s'occupent exclusivement de l'étude des lois. Mais pour vous prouver surabondamment l'innocence de nos discussions, je vous invite et vous prie, citoyens, de vouloir bien assister, dès ce soir, à une de nos réunions. Vous serez à même de juger par vos propres oreilles de la vérité de ce que j'avance.

— Mais ce serait fin comme Gribouille, s'écria un des inquisiteurs populaires : les gens qui viennent ici se mettraient , en nous voyant , à parler de toute autre chose que de leurs machinations.

— Cette difficulté est facile à lever, reprit l'avocat ; vous n'avez, citoyens, qu'à vous tenir dans la pièce voisine de ce cabinet ; de là vous pourrez tout entendre sans être vus.

— Tarare ! interrompit le sectionnaire, on en dit souvent autant avec les yeux qu'avec la langue.

— Je vais proposer un moyen qui vaut mieux que celui dont tu nous parlais , citoyen Férey, reprit le savetier en avisant une haute et vaste cheminée qui se trouvait dans le cabinet , nous allons nous blottir, mes deux collègues et moi, dans cette cheminée , et au moyen d'un trou que nous pratiquerons dans le paravent, ,

nous vous entendrons et nous vous verrons à notre aise sans être vus ; car,
ajouta-t il en fixant sur l'avocat un regard
où il entrait pour le moins autant de féro-
cité que de bienveillance, j'aime à croire
que tu ne seras pas assez ennemi de toi-
même pour avertir par une parole, par
un geste même, tes visiteurs de notre présence.

— Citoyen, répondit M. Férey, avec ce
calme et cette nerveuse candeur de l'honnête homme, ma vie tout entière pourrait vous apprendre que les subterfuges
ne sont pas à mon usage.

— J'en suis sûr, citoyen, j'en suis sûr,
fit le savetier en frappant familièrement
sur l'épaule de M. Férey ; aussi avons-
nous la quasi-certitude que tu sortiras
de cette épreuve plus blanc que neige.
Ah ! çà, citoyen, il fait chaud, ne pour-
rais-tu pas camper dans notre cachette

une ou deux bouteilles de n'importe quoi, pourvu que ça ne soit pas de l'eau ? Vous jabotterez peut-être longtemps , et nous aurons par conséquent le loisir d'avoir soif.

M. Férey apporta lui-même un pâté, du pain, quelques bouteilles de vin , et , muni de ces provisions , les membres du comité révolutionnaire s'installèrent dans la cheminée , devant laquelle on replaça le paravent, troué à trois endroits.

Comme de coutume , les avocats qui faisaient partie de la conférence arrivèrent les uns après les autres. M. Férey, pour ne pas éveiller la susceptibilité de ses invisibles argus, ne bougea pas de son fauteuil qui faisait face à la cheminée et s'excusa de son incivilité, sur un rhumatisme qui le tourmentait alors. On prit séance, et les membres étant au complet, la conférence commença.

M. Férey et ses amis avaient décidé que
la politique serait bannie de leurs doctes
entretiens ; cependant comme l'étude des
lois touche de bien près à l'étude de l'histoire , cette malencontreuse politique se
frayait quelquefois un passage à travers
les discussions les plus froides, M. Férey
n'était pas sans inquiétude sur les suites
de sa conférence , et il ne parvenait à se
rassurer qu'en songeant au peu d'attention qu'apporteraient vraisemblablement
ses terribles auditeurs à des discours débités dans un langage qui n'était pas le
leur.

Par un bonheur inespéré, la conférence
fut presque entièrement remplie par la
lecture d'une dissertation lumineuse sur
le *Traité de Servitutibus* , de Barthélemy
Cœpola (1). L'auteur de cette disserta-

(1) Avocat à Vérone, Barthélemy Cœpola publia, en
1446, son *Traité de Servitutibus* , qui passe pour un

tion était M. Bellart, que nous avons vu, il y a quelques années, procureur-général à Paris, et qui préludait alors aux brillants succès qu'il obtint depuis. M. Bellart, l'un des plus jeunes avocats au Parlement, s'était déjà fait connaître par des plaidoiries savantes et des mémoires remarquables par l'énergie et la concision du style. Toujours ami du juste et du vrai, M. Bellart, dans sa dissertation, avait fait ressortir avec force tout ce que le régime féodal, tel qu'il existait encore au commencement du XVe siècle, avait de contraire au droit des nations et au droit des gens. L'orateur partait de cette critique pour faire l'éloge du droit romain, dont les saines maximes, s'écriait-il, ont fini par prévaloir, et serviront un

chef-d'œuvre. MM. Delalauze et Pardessus dans leurs *Traités de Servitudes*, et M. Fournel, dans son *Traité de Voisinage*, lui ont fait de précieux emprunts.

jour à asseoir sur des bases inébranlables la liberté des citoyens.

Il était dix heures, l'assemblée se sépara, et M. Férey n'eut rien de plus pressé que de délivrer ses auditeurs.

— Eh bien ! citoyens, leur dit-il en ôtant le devant de la cheminée, vous avez entendu de quelle manière nous conspirons ?

Sur trois écouteurs, deux dormaient, non pas du sommeil du juste, mais du sommeil de Silène. Les bouteilles étaient vides.

Cependant, deux vigoureux coups de coude du savetier-président réveillèrent les dormeurs en sursaut.

« Citoyen Férey, dit-il alors, tu nous vois charmés du discours que nous venons d'entendre. Je ne suis pas un grand clerc, mais j'ai bien compris que le citoyen qui avait la parole est un ennemi de la servitude, de la féodalité et des nobles, et qu'il aime les Romains et la liberté. Nous allons retourner au comité et lui rendre compte de ce que nous avons vu et entendu. Si un calomniateur était assez hardi pour élever la voix contre toi et pour suspecter ta conduite, sois tranquille, nous serions là pour le démentir et pour lui laver la tête. Adieu, citoyen Férey, continue tes occupations patriotiques et compte toujours sur l'appui des bons citoyens, qui ne laissent jamais un homme tel que toi dans l'embarras. »

Cela dit, l'escouade civique donna l'accolade fraternelle à M. Férey et se dirigea, en trébuchant à chaque pas, vers le comité révolutionnaire de la section, où elle rendit compte de sa mission.

De grands talents, des talents éminents s'élevèrent à l'ombre de la maison de M. Férey. Mais cet homme de bien voulut conquérir encore de nouveaux droits à la gratitude du Barreau de Paris. A sa mort, arrivée le 5 février 1810, il légua à ce Barreau, dont la splendeur et la gloire lui avaient été si chères, sa nombreuse bibliothèque et une rente annuelle, consacrée à réparer la perte de l'ancienne bibliothèque des avocats. Ce suprême témoignage d'une sollicitude paternelle mérita à M. Férey les honneurs d'un service funéraire, célébré avec une grande pompe. Le Barreau en masse assista à ses funérailles, et M. Bellart, dans un discours d'une grande richesse de pensées et d'une grande distinction de style, paya, au nom de l'Ordre, à M. Férey, le tribut d'hommages et de regrets qui lui étaient si loyalement dus.

Il n'y avait plus de Parlement; le devoir ne me retenait plus dans cette vénérable Cité où j'avais passé les plus belles années de mon adolescence, de ma jeunesse et de mon âge mûr. Je vins habiter avec ma femme et mes trois enfants la maison de mon père, au haut du faubourg Saint-Martin ; ma bonne et respectable mère m'y appelait depuis longtemps de tous ses vœux ; mais un avocat qui aurait demeuré à cette époque dans un faubourg de Paris, aurait donné une fort mauvaise idée de son mérite et de ses habitudes. C'était certainement un préjugé, mais un préjugé doit être respecté quand il est d'ailleurs à peu près d'accord avec le bon sens. Avant la révolution l'avocat ne rougissait pas plus de sa robe que l'officier de son uniforme ; on sortait de son logis en robe, la chausse sur l'épaule et le bonnet sur la tête (1). Voudrait-on dans cet

(1) Un étranger qui ne serait point au courant de nos mœurs et qui verrait dans l'intérieur du Palais de Justice cinq ou six misérables échoppes sur la devan-

équipage grave, décent, convenable, traverser une longue file de rues boueuses et encombrées de voitures pour se rendre au prétoire? Il était donc tout naturel à l'avocat de résider dans cette vieille Cité, dont les monuments lui retraçaient sans cesse à l'esprit ses devoirs et ses espérances. Le Palais-de-Justice était son champ de bataille ; la croix qui brillait au-dessus de Notre-Dame, était son régulateur et sa récompense.

ture desquelles on lit *costumier*, pourrait croire, non sans raison, que la grand'salle du Palais sert dans quelques circonstances à donner des bals travestis. Il n'en est rien pourtant, ces *costumiers* louent pour quelques sous des robes aux avocats qui n'en ont pas. On entre dans ces bouges, on endosse, selon le prix de l'abonnement, une robe plus ou moins sale (qui n'a pas pour défendre sa vétusté la réputation de celle de Rabelais à Montpellier), plus ou moins bien façonnée ; on adapte à sa cravate de ville un rabat jadis blanc, on s'empare d'une toque à l'avenant, et on court affublé ainsi dans la Grand'Salle, où en attendant l'heure de l'audience, une trentaine d'avocats *costumés* d'après le même système se promènent en gesticulant dans ces triviales simarres. Je ne suis point un de ces vieillards

Mais, avant de quitter ces lieux chers à mon cœur, je voulus, comme l'Athénien frappé par l'ostracisme, visiter encore une fois ce saint édifice où les lois étaient interprétées et appliquées depuis plus de huit siècles, où la Grand'Chambre, cet aréopage de la France, avait fleuri sous le règne de quarante rois. J'allai saluer la solitude de cette spacieuse enceinte ornée d'or et d'argent par le sage Louis XII ; je m'inclinai dans la chambre jadis occupée

dont parle Horace: *laudator temporis acti.* Mais je dois déclarer à mes jeunes confrères qu'autrefois la robe de l'avocat n'était point une chose dont le premier venu pût se parer moyennant quelques sous ; je les supplierai au nom de la dignité de cette toge de vouloir bien avoir une *robe à eux.* S'il n'est plus permis au magistrat et à l'avocat de paraître devant le peuple avec les insignes de sa profession, du moins que ces insignes, symboles de la science et de la vertu, ne soient pas un objet de spéculation comme les burlesques livrées de Scaramouche et d'Arlequin. Les magistrats ont un vestiaire commun au Palais, pourquoi les avocats n'en auraient-ils pas un aussi? Qu'on y prenne garde, la sainteté du vêtement touche plus qu'on ne pense à la sainteté de la profession.

par saint Louis, devant les siéges où s'é-
taient dressés, pleins d'éloquence et de
patriotisme, les Gilles Lemaître, les Ser-
vin, les Omer Talon, les d'Aguesseau; je
jetai, sur le grand crucifix que la sagesse
de nos pères avait placé au-dessus du siége du premier président, comme pour
marquer qu'il est un juge au-dessus des
juges de la terre, un dernier et long regard. Hélas! cette croix, espoir de l'op-
primé, effroi de l'oppresseur, devait bientôt tomber sous la hache sacrilége des
insensés qui croyaient pouvoir fonder la
liberté sur une autre base que celle du
christianisme (1).

Ma retraite dans la maison paternelle

(1) Ces deux passages, tirés de l'écriture sainte,
étaient écrits au-dessous du crucifix:

*Facite judicium et justitiam; quod si non audieri-
tis verba hæc, in memetipso juravi, dicit Dominus,
quod deserta erit domus hæc.* Jérémie, XXII.

Videte quid facitis, non enim hominis exercetur

m'offrit une source abondante de conso-
lations et d'espérances. Je veillais sur mon
excellente mère dont les infirmités commençaient à assombrir l'existence, et je
consacrais tous les instants que je ne pas-
sais point auprès d'elle à l'éducation de
mes chers enfants. Ma femme, nourrie
dans les principes sévères de Port-Royal,
m'aidait dans cette douce et pénible tâche. Je recevais peu de monde; dans les
temps de discordes civiles, il est bon de

*judicium, sed Dei ; et quodcumque judicaveritis, in
vos redundabit.* II. Paralip. 19.

M. de Novion, premier président du Parlement de
Paris, avait fait placer un cadran (en 1683) pour régler
les audiences. Montmort, de l'Académie française, à la
prière de M. de Novion, fit ce vers latin, qui fut gravé
au-dessous de l'horloge:

Sacra Themis mores, ut pendula dirigit horas.

Santeuil le trouvait fort beau, quoiqu'il soit bien
inférieur à ceux que le célébre Victorin composa dans
la suite pour le Palais-de-Justice, et qui se lisent encore aujourd'hui au-dessus de la porte de la Cour d'as-
sises.

limiter jusqu'au nombre de ses connais-
sances. Mais quelques vieux amis venaient
s'asseoir souvent autour de mon foyer et
augmentaient ainsi les joies de la famille.
Nous parlions tout bas des événements
du jour, tout haut de nos souvenirs de
jeunesse, et l'orage qui grondait autour
de nous donnait plus de prix encore à la
tranquillité dont nous jouissions. Qu'on
ne croie pourtant pas que l'épouvante
qui s'était emparée des honnêtes gens ait
pu détruire en moi le dévoûment au malheur imposé par la profession d'avocat.
Un des premiers, je m'étais fait inscrire
au greffe du Tribunal révolutionnaire
comme *défenseur officieux*; soixante avocats étaient sur ce tableau qui pouvait,
jusqu'à un certain point, vu les tendan-
ces des juges de l'époque, passer pour
une table de proscription. On ne mit pas
souvent notre zèle et notre bonne volonté

à l'épreuve. La libre défense des accusés était alors un mythe : on en parlait beaucoup dans les livres , dans les harangues, dans les lois, mais il n'en était pas question dans la pratique. Un accusateur public (1), des jurés corrompus , des peureux , des juges impitoyables , voilà ce que trouvait le malheureux accusé... Il ne voyait plus, comme autrefois les plus vils criminels , un Dieu au-dessus de ses juges , un avocat à ses côtés. Ici , tout était fanatisme, tout était vengeance, tout était néant.

Le guerrier qui a suspendu son épée à la charrue héréditaire trouve encore du plaisir à feuilleter le livre qui contient les exploits des grands capitaines. Comme ce

(1) On connaît cette réponse de Fouquier-Tinville à une personne qui le pressait d'accorder des défenseurs aux accusés : « Si l'on fourrait dans nos procédures des avocats, nous n'arriverions jamais. » Ce mot terrible est l'apologie du Barreau.

soldat, je me mis aussi à relire les ouvrages qui me rappelaient les *grands coups d'épée* de ma profession, et que j'avais négligés malgré moi pour la pratique des choses du Palais. Outre les grands orateurs de l'antiquité, avec lesquels je n'avais jamais divorcé totalement, je repris mon Philippe de Beaumanoir, mon Paul de Castres, mon Bouteiller, mon Dumoulin et tous ces vieux aînés que mon maître, le savant Loiseau de Mauléon, m'avait si vivement recommandés à son lit de mort, en me disant :

« Mon jeune confrère, la législation pourra changer, mais la vérité restera toujours la même ; cherchez-la donc toujours dans tous ces bons ouvrages que je me suis efforcé de vous rendre familiers. »

D'Aguesseau, Patru, Cochin, Gerbier, contribuaient aussi à charmer mes loisirs et à raviver mes tendresses pour ce Barreau dont on est si fier quand on l'a fréquenté pendant vingt années.

Un soir, c'était, je crois, le 5 messidor (1794), je tenais un Montesquieu à la main, et je lisais à mon fils aîné, qui se promenait avec moi dans le jardin, ce passage si profond de l'*Esprit des Lois.*

« Le principe de la démocratie se corrompt, non-seulement lorsqu'on perd l'esprit d'égalité, mais encore quand on prend l'esprit d'égalité extrême, et que chacun veut être égal à ceux qu'il choisit pour lui commander. Pour lors, le peuple ne pouvant souffrir le pouvoir même qu'il confie, veut tout faire par lui-même : délibérer pour le sénat, discuter pour les magistrats et dépouiller tous les juges. »

Lorsqu'un domestique vint m'annoncer que trois particuliers d'assez mauvaise mine , et décorés d'écharpes tricolores , demandaient à me parler.

Averti par un secret pressentiment, je dis à mon fils :

— Jules , embrassez-moi ; on vient m'arrêter.

Et sans attendre sa réponse, j'allai au-devant de mes visiteurs.

— Citoyens , nous venons... se prit à dire l'un d'eux.

— Citoyens , interrompis-je aussitôt , je devine l'objet de votre mission. Epargnez-vous une explication inutile. J'ai ici une mère de quatre-vingt six ans, une épouse malade ; obligez-moi de ne point faire de bruit. Je suis prêt à vous suivre. Jules, dis-je à mon fils aîné, je vous recommande votre aïeule et votre mère ; remplacez-moi au près d'elles.

Le pauvre enfant se jeta à mon cou en sanglottant.

— Mon fils, ne pleurez pas, lui dis-je; je suis innocent, je reviendrai bientôt.

J'étais loin de partager cet espoir, mais il fallait le faire naître dans le cœur de ce pauvre enfant.

Dix minutes après, j'étais écroué dans la prison de Saint-Lazare (1).

(1) La maison de Saint-Lazare avait été transformée en prison sous la Terreur, après avoir été pillée et saccagée par le peuple. Je reviendrai sur cette maison célèbre, qui devint le théâtre de bien des actions héroïques. Il est digne de remarque que tous les couvents de Paris furent, à cette époque désastreuse, convertis en prison.

XIV.

Les prisons de Saint-Lazare. — Aspect. — L'aide-de-
camp d'Henriot. — Mon élargissement. — Maison de
Bernardin de Saint-Pierre, à Essonne. — Dévouement
de Loizerolles.

Gondy, évêque de Paris, eut le projet,
en 1617, de confier à des prêtres l'ins-
truction des classes inférieures du peuple.
Le bienfaisant Vincent de Paule fut nommé principal et chapelain de cette nouvelle congrégation , qui fut d'abord ins-

tallée au collége des Bons-Enfants, rue Saint-Victor, mais qui fut transférée, en 1632, par l'archevêque de Paris, dans la vaste enceinte désignée dans les chartes des XIIe, XIIIe et XIVe siècles, sous le nom de Léproserie royale. Les lazaristes s'établirent définitivement dans cette maison, dont ils augmentèrent les bâtiments, assainirent les champs et les marais, et relevèrent les murs de clôture dont les moins anciens remontaient au temps de François Ier. Grâce à l'habileté et à l'excellente administration de ces pieux personnages, l'œuvre de Gondy et de François de Paule ne tarda point à prendre une extension considérable ; la ville de Paris trouva son compte à cette prospérité, car un nouveau quartier se groupa autour des édifices de Saint-Lazare, et augmenta l'importance du faubourg Saint-Denis.

Les lazaristes, conformément à l'insti-

tution primitive de la maison , s'enga-
gèrent à recevoir et à traiter les lépreux ;
engagement fort peu onéreux au XVIIe
siècle , où les ravages de cette maladie
cruelle avaient cessé presque entièrement. On faisait aussi à Saint-Lazare des
retraites ; on y enfermait des jeunes gens
débauchés , appartenant à de riches familles ; des prêtres et des laïques y étaient
même retenus captifs en vertu d'ordres
arbitraires, ce qui avait fait donner à cette
maison le sobriquet de *Petite-Bastille*.
Hôpital, école, prison et retraite, chacun
de ces établissements avait dans cet immense enclos des bâtiments, des cours,
des jardins particuliers. La révolution
commença par piller Saint-Lazare , et
finit par en faire une prison , et quelle
prison !

Ce fut à Saint-Lazarre que je fus conduit et écroué ; mon écrou ne contenait

que ces quelques mots : « N..., ci-devant avocat au ci-devant Parlement de Paris, suspect d'avoir des relations avec les ci-devant nobles dont il faisait jadis les affaires, prévenu de recevoir chez lui des prêtres déguisés. »

Je m'attendais à voir, en mettant le pied sur le seuil de ce caravansérail de l'échafaud, des scènes funèbres, des tableaux déchirants : quelle ne fut pas ma surprise en contemplant des physionomies placides, des fronts sereins, des attitudes calmes et heureuses. Les treize cents prisonniers disséminés dans trois cours prenaient alors leur récréation du soir : les uns jouaient aux barres, les autres à la boule, quelques-uns aux dames et aux échecs. Le plus grand nombre se promenait par groupes de cinq ou six personnes et paraissait se livrer à des conversations joyeuses.

Et pourtant la mort planait sans cesse
sur cette réunion d'hommes, de rang et
de fortune si divers! Chaque soir, à neuf
heures, le geôlier appelait à haute voix
les noms de ceux qui devaient comparaître le lendemain au Tribunal révolu-
'tionnaire, et nul n'ignorait le destin qui
lui était réservé. Sur quarante-cinq prévenus, terme moyen, qui partaient chaque matin de Saint-Lazare pour être
jugés, il ne s'en trouvait pas deux acquit-
tés. Quelle justice et quel espoir !

Le régime de la Terreur a donné au
monde la mesure du caractère français ;
ce peuple si léger, si capricieux, a atteint
d'un seul bond les plus sublimes exem-
ples de l'antiquité : ses magistrats, ses
savants, ses prêtres, sont morts sur l'échafaud comme ses soldats sur le champ de
bataille, avec le même héroïsme et la
même gaîté. Le savant Bailly meurt en

proférant une parole digne d'un Spartiate ; le vieux Malesherbes trouve , en montant sur le fatal chariot , une plaisanterie toute athénienne.

A mon entrée dans la cour principale de Saint-Lazare , je fus entouré par une douzaine de détenus. Roucher , le poète des *Mois*, le baron de Trenck, que j'avais vu autrefois chez M. de Reuilly , Loizerolles père , avocat au Parlement , puis conseiller du roi et lieutenant-général du bailliage de l'artillerie, à l'Arsenal, le brigadier des gardes-du-roi de Bast, les conseillers au Parlement de Sarponay et Mongeard , vinrent à moi et m'embrassèrent affectueusement.

— Vous voici donc des nôtres , mon cher confrère, me dit Loizerolles ; je ne me réjouirai pas de votre arrestation , mais je m'applaudirai de vous avoir pour compagnon d'infortune ; et , puisqu'on devait vous mettre en prison , autant se trouver ici qu'ailleurs. Au surplus, ajouta-t-il en riant , les soins ne nous manquent pas ici , on nous laisse nous promener souvent , nous jouissons d'un air très pur.... Quant à la table , elle n'est pas des plus succulentes (1), mais on s'y habitue. La République n'est pas obligée d'avoir des cuisiniers comme celui de Lucullus.

La conversation devint bientôt générale ; on me demanda les motifs de mon arrestation ; j'avouai que je les ignorais.

— Nous en sommes à peu près tous là, dit M. de Sarponay , et quand nous les aurons appris , il ne sera plus temps de

(1) On nourrissait les prisonniers avec des harengs salés et du pain noir. Les prisons de la seule ville de Paris absorbaient plus de six mille caques de harengs par jour. Les prisonniers qui possédaient un peu d'argent, chose fort rare alors, parvenaient quelquefois à se procurer des vivres meilleurs.

se repentir, et nous mourrons dans l'impénitence finale.

On quitta bientôt ce triste entretien pour parler vers et comédie. Roucher nous débita avec ce feu, avec cette sensibilité expansive qui le caractérisait, de beaux et nobles vers d'André Chénier ; on parla des débuts d'un citoyen Talma au théâtre de la République. M. de Mongeard nous fit connaître quelques fragments d'un ouvrage de son ancien ami, Hérault de Séchelles, la *Théorie de l'ambition*, et nous trouvâmes dans ce morceau les qualités et les défauts de style du brillant et malheureux auteur de l'*Eloge de Suger* et de la *Visite à Buffon* (1).

(1) Hérault de Séchelles avait été avocat-général. C'était un homme d'un esprit fin, mais d'une vanité qui faisait tort à son esprit. L'ambition causa tous ses malheurs. Hérault de Séchelles, homme de bonne compagnie et de nobles manières, épicurien distingué,

Je croyais, en arrivant à Saint-Lazare, avoir lu ces terribles paroles de l'enfer de Dante :

« Entrez, mortels, il n'est plus d'espérance ! »

au-dessus du funeste guichet. Et cependant jamais, peut-être, je ne passai une nuit aussi tranquille que celle qui suivit mon arrestation. Partout une bonne conscience se trouve à l'aise : le sommeil profond de mes treize cents compagnons de captivité offrait une nouvelle preuve de cette éternelle vérité.

Le lendemain, je fus réveillé par la voix

poète aimable, orateur disert, répudia naissance, dignité, goûts aristocratiques, pour courir après une popularité qu'il ne put jamais atteindre. Robespierre l'enveloppa dans la proscription de Danton. On rapporte qu'au moment de quitter la charrette pour gravir l'échelle de la guillotine, Hérault de Séchelles voulut embrasser Danton : « Monte, monte, dit Danton en le repoussant, nos têtes auront le temps de se baiser dans le panier. »

stridente du geôlier en chef qui hurlait mon nom.

— Quoi déjà !.... m'écriai-je avec un sentiment d'effroi que je ne pus maî-triser.

— Ne craignez rien , me dit alors un des prisonniers , ce n'est point à cette heure-ci qu'on appelle ceux qui doivent passer en jugement.

— Citoyen , continua le geôlier , suis-moi; il y a au greffe un aide-de-camp du général Henriot qui t'attend.

— Un aide-de-camp du général Henriot !... mais je ne connais pas d'aide-de-camp du général Henriot ; vous vous trompez certainement, répondis-je.

— Je ne me trompe pas , mille tonnerres ! suis-moi.

Il n'y avait plus rien à répliquer. Je suivis le geôlier, et je me trouvai, un instant après, devant un homme d'une tren-

taine d'années, revêtu des insignes d'aide-
de-camp.

— Citoyen , lui dis-je, il y a probablement erreur; je n'ai pas l'honneur de vous
connaître , et...

— Non, citoyen, interrompit l'officier ;
vous êtes bien M. N...., ci-devant avocat
au Parlement de Paris?

— Oui, citoyen.

— Je ne me trompe donc pas.

Et là-dessus, il passa au greffier un papier en lui disant de l'expédier promptement.

Le greffier se mit à écrire , et déclara ,
un quart d'heure après, que tout était en
règle.

L'aide-de-camp se leva alors et me
dit :

— Citoyen , vous êtes libre, vous pouvez retourner chez vous.

La stupéfaction me rendait immobile.

Une condamnation ne m'aurait pas causé plus de trouble. Cependant je repris peu à peu mes esprits , et mon premier mouvement fut de faire quelques pas pour aller prendre congé de mes malheureux compagnons.

— Où veux-tu donc aller ? citoyen , me dit le geôlier en me barrant le passage.

— Dire adieu aux amis que je laisse ici , répondis-je.

— Votre désir est bien naturel, citoyen, interrompit l'aide-de-camp d'Henriot (1),

(1) Henriot commença par être clerc de procureur et commis de barrière. Il se signala dans toutes les journées de la révolution , et dut à l'amitié de Robespierre le poste de commandant de la garde nationale de Paris. Henriot se dévoua corps et âme à son protecteur , dont il partagea le sort au 9 thermidor. C'était un homme d'une intelligence très ordinaire, mais d'un courage à toute épreuve. « Si Robespierre, avait-il coutume de dire, m'ordonnait de mettre le feu aux quatre coins de Paris, je l'y mettrais, bien convaincu que ce serait pour le bien de la république. »

mais, outre que le règlement de la prison
s'oppose à cette démarche , je vous ferai
observer que votre prompt élargissement
pourrait sembler pénible aux prisonniers. Vous savez , comme moi , que le
malheur rend égoïste et quelquefois en-
vieux.

Je n'osai pas insister davantage , et je
me hâtai de franchir avec mon libérateur l'horrible guichet de la prison de
Saint-Lazare.

Lorsque nous fûmes dans la rue, je dis
à l'aide-de-camp :

— M'est-il permis d'apprendre le nom
de l'homme généreux qui va me rendre à
ma famille ?

— Citoyen , répliqua l'officier, je paie
aujourd'hui la dette de la reconnaissance.
Vous souvient-il d'une pauvre famille de
la Lorraine , à laquelle vous avez rendu
le bonheur en renonçant aux avantages

d'un testament fait à votre profit? Il y a de cela vingt-cinq ans à peu près...

— Eh quoi! interrompis-je, voulez-vous parler du testament du donneur d'eau bénite de Notre-Dame?

— Précisément, reprit-il. Je suis l'aîné des enfants de cette famille sauvée par votre désintéressement. Ma mère, mes frères et mes sœurs jouissent dans le commerce d'une aisance qu'ils doivent à votre vertu. Quant à moi, les circonstances m'ont fait soldat, et je me félicite de la position que le hasard m'a donnée, puisqu'elle m'a fourni l'occasion de vous arracher au danger....

— Dites à la mort, citoyen, répondis-je. Mais c'est moi qui deviens dès aujourd'hui votre débiteur, et votre débiteur insolvable. Tout avocat à ma place aurait fait ce que j'ai fait; peu de gens à la vôtre auraient agi comme vous avez agi. Mais

venez, venez recevoir au sein de ma famille les témoignages d'une gratitude qui
ne finira point, car je la transmettrai à
mes enfants.

Citoyen, je voudrais pouvoir accéder à
votre désir, mais le devoir doit passer
avant tout. J'aurai dans un autre moment
l'honneur de vous aller voir. Avant de
vous quitter, j'ai pourtant un conseil à
vous donner. On ne reviendra pas sur
votre arrestation, mais il est prudent de
vous éloigner quelque temps de Paris. De
graves événements se préparent, n'en restez pas spectateur.

Et là-dessus, sans attendre ma réponse,
l'aide-de-camp fit signe au dragon qui
l'accompagnait d'avancer, monta sur le
cheval que le soldat conduisait et disparut.

Ma mère, mes enfants, ma femme pous-
sèrent des cris de joie en me revoyant

C'était pour eux un rêve. Je leur racontai le secours providentiel qui m'était survenu, et tous bénirent l'intervention salutaire du généreux officier.

Trois ans après, en 1798, je revis l'aide-de-camp d'Henriot; il était devenu général de brigade et s'était distingué dans la première campagne d'Italie. Je lui demandai des détails sur mon élargissement précipité.

— J'appris, me répondit-il, que vous aviez été arrêté en lisant votre nom sur les listes envoyées chaque jour à la Commune de Paris par les comités révolutionnaires. Je résolus de vous épargner l'ennui d'une longue captivité. Je parlai à Henriot, qui me donna tout aussitôt une lettre pour Coffinhal, président du Tribunal révolutionnaire. D'après cette lettre, conçue en termes fort pressants, et sur mes explications et mes prières qui

ne l'étaient pas moins , le terrible Coffinhal se décida à signer l'ordre de votre
mise en liberté. Je ne perdis pas de temps
pour aller le transmettre au directeur de
la prison de Saint-Lazare. Vous savez le
reste.

— Oui, répondis-je, mais ce que vous
ne dites pas et ce que je sais , c'est que
vous vous étiez personnellement porté
caution pour moi , et qu'ainsi vous ris-
quiez votre vie pour garantir la mienne.

— Ne me sachez pas gré de ce prétendu
dévouement , répartit le général , la vie
dans ce temps-là était de si mince valeur
qu'on y attachait fort peu d'importance.
D'ailleurs , eût-elle été à mes yeux cent
fois plus précieuse, je n'aurais pas hésité
un instant à la compromettre pour le salut du bienfaiteur de ma famille.

Des sentiments aussi nobles que ceux-
ci sont dignes de louanges dans tous les

temps ; mais ils étaient admirables , ils étaient sublimes sous le régime de la Terreur.

Le bon Bernardin de Saint-Pierre, mon vieil ami , en quittant l'intendance du Jardin-des-Plantes , où il avait été nommé par Louis XVI (1) , était allé se réfugier à Essonne, à quelques lieues de Paris ; je me déterminai à aller partager sa retraite. L'auteur des *Études de la nature* ne cessait dans ses lettres de m'engager à

(1) Louis XVI avait nommé Bernardin de Saint-Pierre, en 1792, à la place d'intendant du Jardin-des-Plantes. « J'ai lu vos ouvrages, lui dit le roi, ils sont d'un honnête homme. J'ai cru nommer en vous un digne successeur à M. de Buffon. » Bernardin de Saint-Pierre rendit de grands services à l'établissement dont il était devenu le chef. Il fit construire une serre qui porte encore aujourd'hui son nom, et obtint de la Convention que la ménagerie de Versailles serait transférée au Jardin-des-Plantes. Quelques montagnards avaient agité la question de faire subir aux tigres et aux lions de cette ménagerie le *supplice des tyrans*. Il eût été digne de ces temps de folie de voir une tête de lion tomber sous la hache républicaine.

venir goûter auprès de lui les douceurs d'un ermitage également éloigné, me disait-il, des tempêtes de l'Océan et des tempêtes plus dangereuses encore d'une ville prise d'assaut par les passions révolutionnaires.

Je partis pour Essonne.

La maison de Bernardin était située dans une île délicieuse, ombragée par de hauts peupliers. Cette maison, comparable en tout à celle de Socrate, n'avait qu'un rez-de-chaussée et un étage, mais les chambres étaient si bien disposées, tant de goût, tant d'harmonie avaient présidé à l'arrangement de ce petit logis, qu'on s'y trouvait plus à l'aise que dans un château. Un jardin entouré d'une simple charmille de chèvre-feuille et de buis, et peuplé d'arbres fruitiers et de fleurs, attenait à la maison qui dominait les deux bras du fleuve. Au milieu de ce

jardin se trouvait un petit bassin octo-
gone , où deux cygnes se promenaient
majestueusement. Dans un angle de ce
paradis terrestre , Bernardin avait fait
construire une salle en rocailles , ornée
d'un large divan de mousse : c'était là que
pendant la chaleur du jour il venait tra-
vailler ; c'était là aussi que son aimable
épouse venait nous lire chaque soir les
journaux qu'on recevait de Paris (1).
Quand Mme Bernardin de Saint-Pierre
nous faisait d'une voix émue le récit des
scènes tragiques dont la capitale était le
théâtre, nous nous regardions Bernardin
et moi ; ce silence solennel , qui régnait
autour de nous, et qui n'était interrompu
que par le clapotement des rames du
pêcheur qui rentrait dans l'île , ou par

(1) Bernardin avait épousé, à l'âge de 57 ans, Mlle
Didot, fille de son éditeur, qui touchait à sa vingtième
année.

les cris des oiseaux qui venaient retrouver leurs nids, jetait notre âme dans une ravissante extase, et nous faisait remercier Dieu d'être à l'abri de ces fureurs sans terme et de ces persécutions sans frein.

— Mon ami, me disait-il quelquefois, ne vous trouvez-vous pas mieux dans ma Thébaïde que dans votre faubourg Saint-Martin ?

— Mille fois mieux, mon ami, si j'avais ici ma mère, ma femme et mes enfants, lui répondais-je.

— Faites-les venir, reprenait Bernardin ; il y a ici de la place pour tous, et d'ailleurs nous pourrions bâtir nous-mêmes une nouvelle chaumière. Nous avons du bois, des outils, un étui de mathématiques : avec cela, on peut tout entreprendre.

C'est à Essonne que j'appris, peu de jours après le 9 thermidor, le sublime

dévouement de ce Loizerolles , mon confrère et mon ami, que j'avais tout récem-
ment entrevu à Saint-Lazare. Je ne m'ar-
rêterais peut-être point à reproduire ce
touchant épisode de nos derniers jours de
terreur, célébré par la peinture et par la
poésie , si le héros n'était pas un avocat
et si je ne tendais pas sans cesse à prouver
que l'Ordre n'est étranger à aucune grande
vertu, à aucun sacrifice magnanime.

Le 7 thermidor au soir, le greffier du
Tribunal révolutionnaire vint à Saint-
Lazare et fit l'appel des victimes promises
à l'échafaud du lendemain. Parmi elles ,
se trouvait Loizerolles , sans désignation
de père ni de fils (le jeune Loizerolles,
âgé de vingt-trois ans, était incarcéré avec
son père). Loizerolles fils était étendu sur
son lit et dormait : son père était assis à
son chevet et lisait.

A l'appel de son nom et sans demander d'explication , Loizerolles père répondit :

— Présent !

— Tenez-vous prêt pour demain cinq heures du matin, dit le geôlier ; le Tribunal prononcera demain sur votre sort.

— C'est fort bien , reprit Loizerolles.

Et il se remit à lire ; mais il interrompait souvent sa lecture pour embrasser son fils qui continuait de dormir.

Le lendemain, à cinq heures du matin, on conduisit Loizerolles et ses vingt-sept compagnons à la Conciergerie , halte ordinaire entre le tribunal et l'échafaud. On distribua alors aux prévenus la copie de l'acte d'accusation. Quel fut l'étonnement de Loizerolles en reconnaissant l'erreur du greffier : c'était son fils qui devait être jugé et non lui ! Il se garda bien pourtant de faire remarquer la méprise du greffier même à ses infortunés amis,

et se rendit comme eux devant le Tribunal révolutionnaire.

On aura une idée de l'ordre qui régnait
dans ces déplorables procédures, quand
on saura que ce greffier corrigea lui-
même à l'audience les défectuosités de
son acte. On appelle un homme de 23
ans, et c'est un homme de 58 qui se présente. Le greffier change le 2 en 5, le 3
en 8, et il croyait sa bévue réparée. On
jouait, pour ainsi dire, avec la vie des
hommes, avec l'humanité, avec Dieu.

Après un sommaire interrogatoire,
Jean-Simon Aved de Loizerolles est condamné, bien entendu, à la peine de
mort.

L'héroïque Loizerolles entend sa sentence sans pâlir et marche avec ses compagnons vers l'échafaud, ne proférant
aucune plainte et laissant voir, au contraire, sur sa physionomie, ce rayon de

bonheur qui décèle une âme satisfaite. Le père magnanime accomplit son sacrifice, n'ayant que Dieu seul pour confident et pour consolateur.

Si M. de Loizerolles avait, à la Conciergerie, signalé l'erreur dont il allait être la victime, il eût été sauvé. Le 9 thermidor brisait ses chaînes, comme il brisa celles de son fils. Mais qui eût pu prévoir, le 8 thermidor même, la chute de Robespierre et l'avénement d'un pouvoir moins cruel?

La Convention nomma Bernardin de Saint-Pierre instituteur à l'école normale. Nous revînmes ensemble à Paris : lui pour fonder une école fameuse, moi pour reprendre des travaux que je n'avais abandonnés qu'à regret.

FIN DU TOME DEUXIÈME.

TABLE

DES MATIÈRES CONTENUES DANS CE VOLUME.

I.

Le Barreau de Paris. — Sa susceptibilité. — Les quatre Évangélistes. — Les avocats ennemis des honneurs en 1778. 5

II.

Abolition de la confrérie de Notre-Dame dite des gens du Palais. — L'église de Saint-Yves et le bâton de l'Ordre. — Un calembourg du marquis de Bièvre. — Discipline des avocats à la fin du XVIIIe siècle.   27

III.

Rentrée de la Saint-Martin en 1780. — Le premier avocat-général Séguier. — Un déjeûner chez M. de Florian. — Une partie de plaisir de M. le duc de Penthièvre. 51

IV.

Le déficit. — Le jeu de la reine. — Mot de M. de Malesherbes. — Le comte de Cagliostro. — Une lettre de Jeanne d'Arc 71

V.

Mesmer chez M. Bergasse. — Les plaideurs Gluckistes et les procureurs Piccinistes. — La maison de Cagliostro. — La veuve d'un avocat. . . . 93

VI.

Deuil domestique. — Affaire du Collier. — Mot piquant du prince Louis sur Marie-Thérèse. — M. de la Motte. — Arrestation du cardinal de Rohan. — La Bastille. 123

VII.

Suite de l'Affaire du Collier. — Mon entrevue à la Bastille avec le comte de Gagliostro. — La chambre de Voltaire. — Le portefeuille vert. . . . 143

VIII.

Encore l'affaire du Collier. — Le Père Loth, minime. — Villette. — Le capucin Macdermott. — La courtisane d'Oliva. — Arrêt. — Condamnation de Mme de la Motte. — Ovation du cardinal de Rohan. . 165

IX.

Mme de la Motte sur l'échafaud. — Son séjour à la Salpêtrière. — Evasion mystérieuse. — Le comte de Cagliostro chez le restaurateur Bancelin. — Mme de Polignac aux eaux de Bath. 189

X.

La fille Salmon. — L'avocat Lecauchois. — L'imprimeur Cailleau. — Opposition du Parlement à quelques édits bursaux. — Plaisanterie d'un parlementaire.— Exil du parlement.—Démission du cardinal de Loménie. — La Basoche à la statue de Henri IV. — Mort de Gerbier 213

XI.

Le confiseur de Mme Dubarry. — Les causes grasses. — La dernière fête du mai. — L'avocat du clergé Camus. — Le comte de Cagliostro au château Saint-Ange. — Mercier et Rétif de la Bretonne . . 243

XII.

Les Avocats et le Parlement jugés par Mercier. — Le charlatan. — La prise de la Bastille. — Intrépidité d'un avocat. — Décret du 3 novembre 1789. — Mort du Barreau. 263

XIII.

Dispersion de l'Ordre. — Le dernier tableau. — M. Nicolas Férey. — Ma retraite. — Adieux au Palais. — Mon arrestation 285

XIV.

Les prisons de Saint-Lazare. — Aspect. — L'aide-de-camp d'Henriot. — Mon élargissement. — Maison de Bernardin de Saint-Pierre, à Essonne. — Dévouement de Loizerolles. 311

FIN DE LA TABLE.